칭의, 루터에게 묻다

칭의, 루터에게 묻다

김용주

좋은씨앗

종교개혁 500주년을 맞이하여
개혁자들의 정신을 계승하고자 고민하며 탐구하는 모든 분들과
한국 교회를 사랑하며 한국 교회의 개혁을 외치는 모든 분들과
이신칭의의 도를 올바로 알지 못하여
구원의 확신을 갖지 못하고 방황하는 모든 분들에게
이 책을 바칩니다.

차례

추천의 글 · 8
저자 서문 · 12

1. 무엇이 문제인가? · 19

2. 루터 칭의론의 일반적 특징 · 25
　_ 루터는 왜 칭의론을 특히 강조했는가?

3. 칭의론의 계기 · 37
　_ 나는 어떻게 의로워질 수 있는가?(1483-1512년)

4. 칭의론의 시작 · 45
　_ 최초의 성경 강의인 시편 강의(1513-1515년)에 나타난 칭의 이해

5. 칭의론의 정초 · 53
　_ 루터 칭의론의 정초인 로마서 강해(1515-1516년)

6. 개인적 칭의 체험 · 71
　_ 하나님의 의에 대한 새로운 해석(1519년)

7. 칭의론의 발전 · 77
_ 가톨릭교회와의 쟁투기에 쓰인 저작들(1519-1520년)에 나타난 칭의 이해

8. 칭의론의 정수 · 105
_ 대 갈라디아서 강의(1531/1535년)에 나타난 칭의 이해

9. 칭의론의 완성 · 133
_ 마지막 강의인 창세기 강의(1535-1545년)에 나타난 칭의 이해

10. 루터 칭의론에 대한 트리엔트 종교회의(1545-1563년)의 정죄 · 149

11. 트리엔트 종교회의 이후부터 현대까지 루터 칭의론 이해의 역사 · 173

결론 · 191

참고문헌 · 195

추천의 글

5년 전 루터 평전,『루터, 혼돈의 숲에서 길을 찾다』로 세간의 주목을 받았던 김용주 교수가 이번에는『칭의, 루터에게 묻다』로 돌아왔다. 1517년 마르틴 루터는 '95개 조항'을 자신이 몸담았던 비텐베르크 대학 교회 정문에 고지함으로 개신교 종교개혁의 시작을 알렸다. 독일에서 루터 전공으로 박사학위를 받은 저자는, 종교개혁 500주년을 맞이하여 '교회 존폐의 표지'로 여겼던 "칭의 조항"(Articulus iustificationis)으로 사랑하는 한국 교회에 성찰의 문을 두드린다. 그간의 개신교 칭의 논의는 사실 '법정적 칭의론'의 프레임을 크게 벗어나지 못했다. 하지만 저자는 '역사적-발생학적 연구방법'을 사용하여 루터 생애의 초기에서 후기까지의 주요 저작들을 비교 고찰하면서 독자들로 하여금 해당 주제를 직접 판단하도록 배려했다. 과연 루터 연구의 일급 전문가다운 발상이다. 이제 칭의론 연구에 몰두하고자 하는 이들은 이 책을 숙독함으로써 시작하는 것이 현명한 처사일 것이다.

박영실 교수_ 총신대학교 신학대학원 교회사

김용주 교수는 루터의 칭의에 관한 글을 저술하는 데 최적임자다. 독일에서 16년 동안 루터 신학을 연구했고, 지금은 분당두레교회 담임목사로 섬기면서 신학교에서 강의를 하고 있다. 500년 전 루터가 학문으로서 신학에만 몰두했다면 종교개혁은 일어날 수 없었을 것이다. 그가 목회 현장에서 영혼들의 영적 갈급함을 채우기 위해 힘쓸 뿐 아니라, 자신이 먼저 하나님 앞에 인정받는 자녀로 살아가려 애쓰는 진실한 목회자였기에 하나님께서는 루터를 기꺼이 사용하셨다. 깊이 있는 연구로 루터의 신학 전반에 대한 해박한 지식을 가지고 있으면서 루터의 십자가 신학의 헌신과 열정을 자신의 목회와 삶 가운데 좇아가고 있는 김용주 교수의 이 책이 거룩한 삶을 추구하는 구도자들에게 소중한 지침이 되리라 확신하기에 적극 추천한다.

임원택 교수_ 백석대학교 신학대학원 원장

바울에 대한 새로운 관점(NPP)이 등장한 이래 루터와 칼빈의 칭의론은 집중적인 포화 속에 휩싸여 있다. 그러나 종교개혁자들의 칭의론을 비판하는 이들이나 변호하려는 이들 가운데는 원 저작에 대한 깊은 이해 없이 간접적인 자료에 근거하여 비판하는 경우가 많은 것을 보게 된다. 이제 우리는 루터가 칭의에 대해 정말로 무엇이라고 말했는지를 읽고 토론해야 할 때가 되었다고 생각한다. 수십 년에 걸친 루터 연구로 박사학위를 받았고, 루터 평전을 통해 계도적인 역할을 해온 김용주 교수가 루터의 칭의론을 쓴 것을 보니 만시지탄의 감이 있지만 환영하게 된다. 저자는 수많은 주요 저술들에서 개진되고 발전된 루터의 칭의론을 '역사적-발생학적 연구방법'을 사용하여 일목요연하게 제시하고 있기 때문에, 우리는 이 책을 통해 루터가 칭의에 대해 무슨 생각을 했고, 어떻게 표현했는지를 확인할 수 있게 되었다. 국내에서도 루터의 칭의론에 대한 연구서는 처음 출간되는 것이기 때문에, 개신교 종교개혁 500주년을 맞이하여 그 의미를 되새김질하는 개신교인들의 손에 이 책이 들려져서 많이 읽히기를 바란다. 루터를 따르든 반대하든, 일단 루터의 칭의론이 무엇인지를 루터의 말로 읽는 일이 양심적으로 온당한 일이라고 생각한다.

이상웅 교수_ 총신대학교 신학대학원 조직신학

최근에 바울의 새 관점을 주장하는 톰 라이트는 루터의 칭의론을 비판하면서 루터로 인해 지난 500년 동안 교회는 칭의 교리를 잘못 이해해 왔다고 주장했다. 톰 라이트는 정작 루터의 저작을 읽지도 않은 상태에서 1570년대 성공회 신학자인 리처드 후커의 신학을 따라서 친(親) 로마교회 입장에서 이런 주장을 한 것이다. 바울의 새 관점이 굳이 아니더라도 칭의 교리에 대한 곡해는 하이퍼 칼빈주의자들과 도덕률 폐기론주의자들에 의해 교회 역사 속에서 계속 존재해 왔다. 이것은 칭의 교리가 복음의 정수를 설명하는 가르침임에도 불구하고 교회가 정확하게 이해하지 못하고 있다는 증거다. 그러나 루터는 칭의 교리를 정확하게 이해했고, 그것을 복음 전도의 핵심 가르침으로 강조했다. 청교도들은 이 부분에 있어서 칼빈보다 루터에게 더 영향을 받았다. 김용주 교수의 이 책은 루터가 얼마나 성경적으로 칭의 교리를 정확하게 이해하고 설명했는지를 보여 주며, 이것으로부터 벗어나면 오류라는 것을 여실히 증거하고 있다. 이 시대에 복음의 정수를 올바로 이해하고 증거하기 원한다면 반드시 이 책을 읽어야 한다.

김홍만 교수_ 사우스웨스턴 리폼드 신학대학원, 한국청교도연구소

저자 서문

칭의론이 기독교 신학의 역사에서 특별한 위치를 차지하고 있다는 사실을 부정할 사람은 아무도 없을 것이다. 칭의론은 교회의 어느 특정한 시기에만 중요하게 여겨지다가 그 이후에 신학의 언저리로 사라져 버린 그런 교리가 아니다. 교회 역사를 통해 줄곧 기독교 신학의 중심을 차지해 온 왕자적 교리다. 그동안 너무 많이 다뤄져서 이제는 더 이상 새로운 것을 찾아볼 수 없는 교리로 여겨질 정도다. 그러나 놀랍게도, 교회가 죽어 갈 때마다 교회를 다시 살리기 위해 하나님의 영에 감동된 사람들이 칭의론을 다시 연구하고 다시 외쳤다는 것을 우리는 간과하지 말아야 한다.

나는 지금 우리가 살아가는 이 시대에 칭의론을 열심히 공부하고 온 힘을 다해 외쳐야 한다고 생각한다. 교회 역사상 그 어느 때보다 "내가 어떻게 의로워질 수 있는가?"라는 질문을 진지하게 던지고 답해야 할 때라고 생각하기 때문이다. 가톨릭과 개신교의 중간 입장에 서서 신학 작업을 하는 한스 큉(Hans Küng)은 현대 교회에서 칭의 연구의 중요성을 다음과 같이 강조한다.

왜냐하면 오늘날과 같은 업적 사회에서 칭의에 대한 물음과 인간의 자유에 대한 물음은 그 어떤 때보다 시급한 물음이다. 우리는 각 그리스도인의 개인적 실존을 위해서, 교회의 개혁과 갱신을 위해서, 기독교 고백들과 종파들의 일치된 합의를 위해서, 그리고 오늘날 사회 참여를 하기 위해서 이 물음들에 대답해야 한다.[1]

한스 큉뿐만 아니라 가톨릭과 개신교의 저명한 신학자들이 현대 교회가 처한 위기를 뚫고 나갈 대안으로 칭의론의 중요성을 얘기하고 있다. 칭의론은 20세기 말부터 또다시 신학 논쟁의 중심으로 들어오게 되었다. 가톨릭 진영과 개신교 진영이 칭의론으로 다시 논쟁을 벌이고 있고, 개신교 내에서도 칭의론 논쟁이 활발하게 전개되고 있다. 연구자들은 칭의론의 본래 의미를 찾기 위해 종교개혁의 칭의론을 다시 연구하고 있다. 그래서 루터와 칼빈 같은 종교개혁자들의 칭의

---

1. H. Küng, *Rechtfertigung: die Lehre Karl Barths und eine katholische Besinnung*, Serie Piper, München 1986, 10.

론이 다시 주목을 받고 있다. 이는 칭의론이 그들이 외쳤던 핵심 사상이고, 또한 그들이 이 교리를 가장 심오하게 연구했기 때문이다.

이 책에서 나는 최근에 일어나고 있는 칭의 논쟁을 염두에 두면서 개신교 칭의론의 원조라고 할 수 있는 마르틴 루터의 칭의론을 집중적으로 탐구할 것이다. 이 책을 통해 루터의 칭의론을 올바로 이해하도록 돕고, 이를 통해 현대의 칭의 논쟁에서 좀 더 사실에 근거한 객관적 논쟁을 하도록 돕고 싶다.

내가 루터의 칭의론과 관련하여 매우 안타깝게 여기는 것은, 16세기 후반부터 현대에 이르기까지 루터의 칭의론을 연구하는 학자들이 너무나 '법정적 칭의론'이라는 프레임 속에서 연구를 해왔고, 또한 루터의 저작 일부분만 보고 그중에서 일부 문장을 뽑아내어 그의 칭의론을 구성하려 했다는 점이다.

이런 빈약한 자료에 기초한 전제적 연구 방법은, 독자들에게 루터가 칭의론에 대해 말하는 부분을 좀 더 풍성한 자료를 중심으로 좀 더 객관적으로 자세히 살펴보고 판단하고 싶은 욕구를 불러일으켰을 것이다. 나는 바로 이러한 욕구를 가진 독자들이 루터의 주요 저작들을 초기부터 후기까지 두루 살펴보면서 그 저작들에 쓰인 칭의론을 직접 읽고 판단하도록 돕고 싶다.

그래서 그의 저작들에 나오는 칭의론을 '역사적-발생학적 연구방법'(Historische-Genetische Methode)으로 살펴보았다. 그의 칭의론 이해가 역사적으로—즉 그의 신학 초기, 중기, 말기에—어떻게 발전했는지를 그의 주요 저작을 중심으로 살펴보면서, 그의 칭의론의 다채롭고 심오한 측면을 부각하여 전달하고자 했다. 그리고 원문을 읽기 원하는 독자들을 위해 직접 인용을 상당히 많이 했다. 그 이유는, 그의 사상을 좀 더 분명히 이해하도록 돕고, '루터가 그렇게 말했다더라' 혹은 '루터가 그렇게 말했을 것이다'고 추론하면서 확실한 근거 없이 떠드는 시대의 현자들을 반박하는 데 가장 효과적이라고 생각했기 때문이다. 그리고 루터가 칭의론을 설명하기 위해 쓴 라틴어를 한글 옆에 병기하여 그 말의 뜻을 좀 더 생생하게 이해하도록 도왔다.

물론 이렇게 연구하는 방법이 결코 쉽지 않은 작업이라는 것을 잘 알고 있다. 그 이유는 내 능력의 한계 때문이지만 루터에게도 어느 정도는 책임이 있을 것이다. 루터는 여러 저작들에서 이 주제에 대해 부분적으로는 알려 주지만, "칭의론"이라는 제목으로 소책자 하나 쓰지 않았기 때문이다.[2] 그래서 여러 학자들이 루터의 칭의론을 연구하기가 쉽지 않았을 것이고, 일부 구절들만 뽑아내어 그의 칭의론을 묘사할 수밖에 없었던 것도 충분히 이해가 된다. 그럼에도 나는 로마서, 갈라디아서, 창세기 등 그의 대표적인 저작들의 칭의론을

---

2. Hans Martin Barth, *Die Theologie Martin Luthers*, Eine kritische Würdigung, Gütersloher Verlaghaus, 2009. 256-257.

제시한다면 그의 칭의론의 핵심 내용을 충분히 파악할 수 있다는 것을 의심하지 않는다.

나는 루터의 칭의론을 단지 현대 교회에서 벌어지는 논쟁을 정리하는 차원에서만 다루는 것으로 만족하고 싶지 않다. 도리어 현대 교회가 처한 위기를 해결할 대안으로 제시하고 싶다. 왜냐하면 현대 교회가 겪는 위기의 본질은, 죄인의 칭의에 대한 확고한 관점이 결여되어서 생기는 것이라고 믿기 때문이다. 그리고 칭의론을 통해, 회심하기 이전의 루터와 같이 구원의 확신을 갖지 못하고 방황하는 이들이 구원의 확신을 갖도록 돕고 싶은 마음도 아주 간절하다. 마지막으로, 이 주제에 관심을 갖고 연구하는 전문가들에게 이 책이 도움이 되기를, 그리고 종교개혁 500주년을 맞이하면서 한국 교회의 개혁을 간절히 바라는 모든 분들에게 도움이 되기를 하나님께 기도한다.

무엇보다 먼저, 늘 죄인으로 살아가지만 의인으로 인정해 주시며 힘이 들 때마다 위로하고 격려하시어 이 책을 쓰도록 하신 하나님 아버지께 모든 영광을 돌린다. 그리고 이 책을 출판하도록 조력해 주신 그분의 신실한 종들과 이 책의 편집을 위해 수고해 주신 좋은씨앗 출판사에 감사를 드린다. 항상 기도와 격려를 아끼지 않는 분당두레교회 성도들에게, 평생의 동역자로서 늘 응원하고 이 책을 출판하도록 도와주신 임영국 최정희 부부에게, 독일 베를린 시절부터 오늘에 이르기까지 항상 기도와 후원을 아끼지 않는 이복선 김근자 부부에게, 그리고 평생의 동반자이며 가장 큰 협력자인 나의 사랑하는 아내 서순례에게 감사를 드린다.

2016년 12월 분당두레교회 목양실에서

김용주

1.
무엇이 문제인가?

종교개혁 당시 칭의론은 개신교 교리의 핵심일 뿐만 아니라 개신교의 정체성을 나타내는 교리였다. 더 나아가 가톨릭 진영에서 개신교를 이단이라고 선언하게 한 결정적인 교리이기도 하다.[1] 칭의 조항에 대한 견해 차이로 로마 가톨릭에서 개신교가 떨어져 나오게 되었다. 그때부터 지금까지 이 견해 차이는 양측이 교리의 일치를 위해 노력함에도 불구하고 근본적인 면에서는 좁혀지지 않고 있다.

---

1. 트리엔트 종교회의에서 로마 가톨릭교회는 "전가적 칭의"와 "죄인이면서 동시에 의인"이라는 루터의 칭의의 핵심 내용을 정죄했다.

현대에 들어오면서 칭의 논쟁이 학계에서 다시 뜨거운 감자로 등장하고 있다. 가톨릭과 개신 교회의 일치 운동의 열매로써 가톨릭교회와 루터교회의 대표자들은 16세기 종교개혁자들의 칭의 이해를 조정하여 1999년 10월 31일에 『칭의 조항에 관한 공동선언문』을 발표했다.[2] 하지만 당시에 양쪽 교회의 지도자들 중 많은 사람이 이 선언문을 흡족해 하지 않았고, 이후로도 양쪽 진영은 이 선언문의 문제점을 지적하면서 이 조항에 대한 토론을 계속하고 있다. 그런데 더 놀라운 점은, 개신교 내에서도 칭의론에 대한 논쟁이 계속되고 있다는 사실이다.

신약학에서 '바울에 대한 새 관점'(New Perspective on Paul) 학파가 이신칭의론을 바울 신학의 핵심 교리로 보는 전통적인 입장에 문제

---

2. "*Joint Declaration on the Doctrine of Justification by the Lutheran World Fedreation and the Catholic Church*"(2006.4.1): § 15. Es ist unser gemeinsamer Glaube, dass die Rechtfertigung das Werk des dreieinigen Gottes ist. Der Vater hat seinen Sohn zum Heil der Sünder in die Welt gesandt. Die Menschwerdung, der Tod und die Auferstehung Christi sind Grund und Voraussetzung der Rechtfertigung. Daher bedeutet Rechtfertigung, dass Christus selbst unsere Gerechtigkeit ist, derer wir nach dem Willen des Vaters durch den heiligen Geist teilghaftig werden. Gemeinsam bekennen wir: Allein aus Gnade im Glauben an die Heilstat Chtisti, nicht auf Grund unseres Verdienstes, werden wir von Gott aufgenommen und empfangen den Heiligen Geist, der unsere Herzen erneuert und uns befähigt und aufruft zu guten Werken.(Gemeinsamer Erklärung zur Rechtfertigung…). 융엘(E. Jüngel)은 『죄인의 칭의에 관한 복음』에서 이것에 대해 상세히 기술하고 있다. *Das Evangelium von der Rechtfertigung des Gottlosen als Zentrum des christlichem Glaubens*, 2 Auflage, Mohr Siebeck, 199.

를 제기했고, 이런 과정에서 루터의 칭의론이 주목을 받고 있다. 일군의 새 관점 학파의 학자들은, 바울 신학의 중심 논쟁을 통해 루터를 비롯한 종교개혁자들이 바울 신학의 중심을 잘못 보았고, 바울이 말하는 칭의를 제대로 이해하지 못했다고 비판한다. 이런 새 관점 학파의 학자들의 바울 해석에 대해 종교개혁자들의 칭의론을 변호하려는 학자들도 있어 쌍방 간에 뜨거운 논쟁이 계속되고 있다. 이와 관련하여 제임스 던(James Dunn)과 김세윤 교수가,[3] 그리고 더 치열하게는 톰 라이트(Tom Wright)와 존 파이퍼(John Piper)가 논쟁을 벌이고 있다.[4]

그런데 종교개혁 당시의 논쟁이든, 현대의 논쟁이든 간에 칭의 논쟁의 중심에 서 있는 사람은 마르틴 루터(Martin Luther)다. 간단하게 말하면, 새 관점을 지지하는 학자들은 루터가 바울 신학의 중심을 칭의론으로 본 것은 잘못이며 루터가 칭의를 제대로 이해하지 못했다고 주장한다. 그러므로 이런 논쟁이 좀 더 객관성을 갖고 진행되려면, 먼저 루터의 칭의론이 무엇인지(What)에 대한 심도 있는 고찰이

---

3. 김세윤, 『칭의와 성화』, 서울: 두란노, 2013.
4. N. T. Wright, "*Justification: The Biblical Basis and Its Relevance for Contemporary Evangelicalism.*" http://www.ntwrightpage.com/#lectures. John Piper, *The Future of Justification: A Response to N. T. Wright*, Crossway Books, Wheaton, Illinois, 2007. (『칭의논쟁』 부흥과개혁사)

필요하다.

현대의 일부 학자들같이 루터의 칭의론을 대충 이해한 채, '루터의 칭의론은 이렇다'는 전제로 논쟁을 해나가면 설득력 있는 결론을 도출할 수 없다. 논쟁자들이 적어도 루터의 주요 저작들을 통해 그의 칭의론을 살펴보고 그 진면목을 파악한 후에 칭의론 논쟁을 한다면, 독자들은 그들의 논쟁을 통해 좀 더 유익을 얻게 될 것이다. 그러나 루터를 "법정적 칭의론의 창시자"라는 틀 속에 집어넣고 쌍방이 논쟁을 하면 결국은 그를 모독하는 일이 될 수밖에 없다. 만일 누군가가 정확한 증거 자료를 가지고 "루터의 칭의론은 당신들이 이해하는 것과 다르다"고 말한다면 그들의 논쟁이 무의미하게 되는 것 아니겠는가?

그러므로 작금의 뜨거운 논쟁을 벌이고 있는 당사자들은 잠시 멈추고 루터의 칭의론을 좀 더 자세히 연구해야 할 것이다. 확고한 칭의 이해의 토대에서 상대방을 설득할 때 좀 더 효과적으로 설득할 수 있기 때문이다.

루터의 칭의론을 본격적으로 다루기 전에, 먼저 루터가 왜 칭의 조항을 그토록 강조했는지 그 이유를 몇 가지 제시하려고 한다. 그러면 이 책을 읽는 독자들이 루터의 칭의론을 개괄적으로 파악하게 되고, 그 후에 제시되는 루터의 칭의론을 좀 더 잘 이해하게 될 것이다. 그런 다음 루터의 생애를 훑어보면서 그가 이신칭의 복음을 어떻게 깨닫게 되었는지 살펴보고자 하는데, 이는 루터가 자신의 구원 문제를 해결하려는 치열한 투쟁 끝에 이 교리를 깨달았기 때문이다. 이어서 그가 칭의에 대한 새로운 이해를 언제 얻게 되었는지 살펴볼 것이다. 그는 로마서 강의를 시작하기 전인 시편 강의(1513-1515년)에서 이미 새로운 칭의 이해의 발아를 보여 준다.

나는 루터가 시편 강의에 이어서 한 로마서 강의(1515-1516년)를 집중적으로 다루었다. 왜냐하면 로마서 강의를 통해 루터가 자신의 칭의론을 정초했다고 확신하기 때문이다. 독자들은 이 로마서 강의만 보더라도 그의 칭의론의 윤곽을 파악할 수 있을 것이다. 이후로 그의 칭의론 전개는 로마서 강의에서 한 주장의 변경이 아니라 심화라고 볼 수 있기 때문이다. 이어서 우리는 1519년부터 1520년까지의 저작들을 살펴보면서 루터가 자신의 칭의 이해를 가톨릭 신학자들과의 논쟁에서 어떻게 확신시키고 있는지, 이와 더불어 그가 "오직 믿음을 통한 칭의"를 주장함으로써 행위를 폐지하지 않는다는 것을 확증시키고자 애쓰는 것을 보게 될 것이다.

그리고 루터의 대표 저작인 대 갈라디아서 강의(1531-1535년)를 살펴보면서 그의 칭의론의 절정을 맛보게 되고, 이 저작을 통해 완성된 그의 칭의론을 보게 될 것이다. 마지막으로 그의 생애의 마지막 저작인 창세기 강의(1535-1545년)를 통해 그의 칭의론의 결실을 살펴볼 것이다.

이런 작업을 통해 우리는 그의 칭의론이 어디에서 시작하여 어떻게 발전했는지, 그리고 반대자들의 비난을 반박하는 내용을 통해 그의 칭의론에 관한 여러 오해를 풀게 되고 그의 칭의론의 내용을 다각적으로 볼 수 있을 것이다.

나는 원 자료를 통한 칭의론 이해 작업을 먼저 한 후에, 그의 칭의론을 체계적으로 비판했던 트리엔트 종교회의의 입장을 소개할 것이다. 이는 그들의 비판을 통해 루터의 칭의론의 핵심이 무엇인지를 더 분명히 파악하도록 하기 위해서다. 그리고 트리엔트 종교회의 이후 루터의 칭의론이 신학사에서 어떤 비중으로 다루어졌고 어떻게 이해되었는지를 살펴볼 것이다. 이는 세월이 흐르면서 루터가 말한 칭의론의 주요 내용이 많이 축소되었거나 변형되었거나 혹은 단조롭게 이해되어 왔다는 사실을 알리고자 함이다.

먼저 그의 칭의론의 일반적인 특징을 살펴보자.

2.
루터 칭의론의 일반적 특징

루터는 왜 칭의론을 특히 강조했는가?

루터는 왜 칭의론을 "교회가 서고 넘어지는 조항"(articulus stantis et carentis ecclesiae)이라 부르면서 유독 강조했을까? 우선적으로 다음의 몇 가지 이유를 생각해 볼 수 있을 것이다.

첫째, 칭의론을 하나님의 영광을 사수하기 위한 교리로 보았기 때문이다.

루터에게 있어 이 조항은, 뮬러(Müller)가 지적했듯이, "하나님에 관한 물음과 밀접하게 연결되어 있다."[1] 마틴 바르트도 "그에게는 모든

---

1. Müller, *Die Rechtfertigungslehre*, Geschichte und Probleme, Gütersloh, 116.

것이 개별적인 인간을 중심으로 도는 것 같지만, 그의 사상의 중심에는 하나님의 영광이 서 있다"[2]고 말하면서 이 사실을 강조한다. 루터는 칭의론을 올바로 이해할 때 하나님께 합당한 영광을 드리게 되고, 칭의론을 잘못 이해할 때 하나님이 마땅히 받으셔야 할 영광을 빼앗기게 된다고 본다. 그러므로 루터에게 칭의론에 대한 싸움은 하나님의 영광을 사수하기 위한 싸움이었다.

둘째, 칭의를 올바로 가르쳐야 창조도 올바로 세울 수 있다고 보았기 때문이다.

루터는 칭의를 창조와의 관계에서 이해한다. 그는 "그럼에도 불구하고 하나님은 모든 것을 부서뜨리신다. 그리고 무로부터 인간을 만드신다. 그 다음에 의롭게 하신다"(WA 39 I, 470, 7-9)는 말로 칭의가 하나님의 재창조 과정에서 일어나는 사건임을 알려 준다. 슈방케는 "루터가 창조를 칭의 신학적 용어로 기술하는 것처럼, 죄인의 칭의를 기술할 때도 창조 신학적 개념을 사용한다"[3]고 말하면서 루터 신학의 이런 특징을 강조한다. 알트하우스는 "루터는 초기뿐만 아니라 말기

---

2. Hans Martin Barth, *Die Theologie Martin Luthers*, 285.
3. Johannes Schwanke, *Creatio ex nihilio: Luthers Lehre von der Schöpfung aus dem Nichts in der grossen Genesisvorlesung(1535-1545)*, Walter de Gruyter, Berlin. New York, 221.

에도, 하나님께서 자기 백성 안에 새 창조를 시작하기(initium novae creaturae) 위해 이런 시작을 바라보면서 그들을 품고 의롭게 하신다는 사실을 여러 차례 강조했다"[4]고 말하며, 마틴 바르트 역시 "하나님께서 인간에게로 향하실 때 우주를 위해서도 하나의 관점이 생겨나는데, 즉 고난당하는 피조물에게도 해방과 갱신이 약속된다"고 말하면서 칭의를 새 창조의 과정에서 이해해야 한다고 강변한다.[5]

루터에게 창조주 하나님에 대한 신앙은 구속주 예수 그리스도에 대한 신앙 못지않게 중요하다. 왜냐하면 루터는 하나님이 예수님을 이 땅에 보내 그를 통해 죄인을 의롭게 만드신 것은, 하나님이 그 의인들을 통해 이 세상을 새롭게 창조하기 위함이라고 보기 때문이다. 그는 하나님이 죄인을 의롭게 한 다음, 의인들의 공동체인 교회를 세우고, 이 교회를 통해 만물을 본래의 자리로 돌려놓는 것이 하나님의 구원 경륜이라고 본다.

셋째, 칭의 조항을 모든 조항의 핵심 조항으로 보았기 때문이다.

루터에게 칭의 조항은 모든 조항 중의 한 조항이 아니라, 모든 조

---

4. P. Althaus, *Die Theologie Luthers*, 3 Aufl., Gütersloher Verlagshaus, Gerd Mohn 1972, 203-207. 루터는 WA 7, 343, 37에서도 이 사실을 강조하고 있다.
5. Barth, *Die Theologie Martin Luthers*, 286.

항의 근본 조항이며 우두머리 조항이요, 교회가 서고 넘어지는 조항(articulus stantis et carentis ecclesiae)이다.[6] 그는 칭의 조항이 교회 안에서 지니는 가치를 다음과 같이 말한다.

> 우리 교리의 주요 조항, 즉 칭의 조항, 그 한 조항이 그리스도의 교회를 유지한다(WA 40 III, 335). 이 조항을 무시할 때 그리스도와 교회는 무시되고 교리들과 영의 어떤 인식도 남지 않을 것이다(WA 40 III, 352). …이 조항은 교회와 모든 신뢰의 태양 자체요 날과 빛이다. 이 교리는 참으로 기독 교리의 총체이고 하나님의 거룩한 교회를 밝히는 빛이다. 왜냐하면 이 조항을 통해 교회가 서기도 하고 넘어지기도 하기 때문이다(WA 39 I, 205). 칭의 조항은 선생(magister)이고 교장(princeps)이며 주이고 모든 전체 교리에 대한 법전(iudex)이다. 이 조항이 교회의 모든 조항을 유지하고 모든 교리를 다스리며 하나님 앞에서 우리의 양심을 세운다. 이 조항 없이는 세상은 명백히 죽은 것이고 어둠이다(WA 25, 330).

넷째, 이 조항을 알아야 목회자가 올바로 목회할 수 있다고 보았기 때문이다.

---

6. WA 40 III, 335.

루터는 칭의 조항은 교회의 토대가 되는 조항이므로 목회자는 칭의 조항을 제대로 가르쳐야 하며 이 조항을 정확히 알고 항상 연습해야 한다고 강변한다.

그러므로 우리는 정말로 항상 신앙에 대한, 기독교적인 의에 대한 이 조항을 반복하고 강조하며 각인시켜 지속적인 연습을 통해 유지하고, 율법의 능동의 의와 정확히 구분되게 하자. 이 조항으로부터 그리고 이 교리 안에서만 교회는 만들어지고 존속한다. 그렇지 않으면 우리는 참된 신학(vera theologia)을 존속하게 할 수 없다. 도리어 우리는 즉시 법률가, 의식주의자, 율법을 만드는 자, 교황주의자가 되고 만다. 그리고 즉시 그리스도가 희미해지고 어느 누구도 교회 안에서 올바로 가르침을 받거나 교육받지 못한다.…그러므로 나는 각 사람, 특히 장차 양심을 이끌 선생이 될 자들에게 권면한다. 여러분은 이 조항을 연구하고 읽고 묵상하고 기도함을 통해 연습하여 시험 속에서 여러분과 다른 사람들의 양심을 위로하고, 율법에서 은혜로, 능동의 의에서 수동의 의로, 요약하면 모세에서 그리스도에게로 환원시키십시오. 즉 악마는 고통과 양심의 싸움 속에서 율법을 통해 우리를 놀라게 하고 죄의 양심을 누릅니다.…그러므로 두 가지 의를 구분하는 이 방식을 부지런히 배워서 우리가 율법에 얼마만큼 순종해야 하는지 알도록 합시다."[7]

다섯째, 칭의 조항을 올바로 가르쳐야 교회가 개혁될 수 있다고 믿었기 때문이다.

루터는 1517년 10월 31일에 발표한 95개 논제를 통해 로마 가톨릭교회에 개혁의 포문을 열었다. 이 논제는 표면상으로는 면죄부 판매의 폐해를 비판하는 것처럼 보이지만, 실상은 면죄부가 등장하게 된 근본 원인을 공격하고 있다. 당시 가톨릭교회가 칭의를 잘못 가르쳤기 때문에 면죄부가 등장한 것이다. 가톨릭교회가 공적 없이는 의롭게 될 수 없다고 가르쳤기 때문에, 그리고 결과적으로 돈 없이는 구원을 받을 수 없는 것처럼 가르쳤기 때문에 민중들은 자신의 구원을 의심하고 혼돈과 공포에 빠지게 되어 어쩔 수 없이 면죄부까지 사게 되었다.

루터는 이런 시대에 인간이 의롭게 되는 길은 인간의 공적이나 면죄부나 돈을 통해서가 아니라, 오직 값없이 주시는 하나님의 은혜로, 오직 그리스도의 공적을 믿음으로 의롭게 된다는 진리를 외쳤다. 그가 외친 이신칭의 복음은 물론 성경 주해의 결론으로써 도출된 것이지만, 당시 시대적 상황에서는 돈이 없어서 구원을 받을 수 없다고

---

7. WA 40, *Ad Galater*, 33.

생각하는 사람들에게 희망을 준 복음이었다. 돈이 없어도 예수님만 믿으면 구원을 받을 수 있다는 것이 당시 상황에서 루터가 외친 이 신칭의 복음이다. 루터는 영혼을 구원하기 위해 칭의의 복음을 외쳤지만, 가난한 민중들을 경제적 궁핍에서 구원하기 위해서도 이 복음을 외쳤다. 오늘날 칭의론을 토론하는 사람들이 이런 역사적 배경을 모르고 루터의 칭의론을 이해하다 보니, 그의 칭의론이 결코 교조주의적 사변적 칭의론이 아니라 삶과 죽음과 직결된 혁명적 교리임을 놓치고 있는 것이다.

여섯째, 루터가 자신의 신학의 제1원칙으로 내세운 조항이기 때문이다.

그는 주요 저작인 『대 갈라디아서 강의』[8]에서 이 칭의 조항이 자신의 신학에서 어떤 위치를 갖는지 분명히 밝힌다.

> 내 마음속에는 이 한 조항이, 즉 그리스도에 대한 신앙(Fides Christi)이 지배하고 있다. 그리스도에 대한 신앙으로부터 신앙을 통해 그리

---

8. 루터가 1531년에 강의하고 1535년에 출간함. 그가 이전에 강의했던 갈라디아서(1516, 1519)와 구분하기 위해 대 갈라디아서라고 부른다. In epistolam S. Pauli ad Galatas Commentarius[1531/1535]라는 제목으로 WA. 40에 수록되어 있다.

고 신앙 안에서 나의 모든 신학 사상이 밤낮으로 흘러 나가고 흘러 들어 온다. 그럼에도 불구하고 내 경험에 의하면, 내가 그런 지혜의 높이와 넓이와 깊이에 대해 매우 빈약하고 초라한 초보 지식만을, 흡사 파편 조각만을 파악했다는 것이다.[9]

일곱째, 이 조항이 시험당하는 신자를 가장 잘 위로할 수 있는 조항이라고 보았기 때문이다.

루터는 "갈라디아서에 나타난 바울의 논증"(Argumentum Epistolae S. Pauli ad Galatas)이라는 서론적인 글에서 신앙과 은혜, 죄의 용서 혹은 그리스도의 의를 견고하게 하여 우리가 그에 대한 완전한 인식을 가져 그리스도의 의와 다른 종류의 의를 구분하게 하는 것이 바울의 기본 사상이라고 말한다. 정치적인 의, 의식적인 의, 율법과 십계명의 의 역시 분명히 존재하지만 이런 의로는 죄인이 구원을 받을 수 없다고 말한다. 인간은 오직 이런 의들 저편에 있는 신앙의 의를 통해서만, 기독교적인 의를 통해서만 의로워진다. 능동의 의(iustitia activa)가 아니라 수동의 의(iustitia passiva)를 통해서만 구원을 받을 수 있다. 바로 이런 맥락에서 그는 의의 문제를 목양적 차원에서, 즉 시험당하는 성도의 영혼을 위로하는 것과 관련하여 다루고 있다. 그

---

9. *Ad Galater*. 33.

리스도인이 시험을 이길 수 있는 비결은 바로 이 수동의 의를 붙잡는 것이라고 말한다.

이런 의를 가지는 데 있어서, 우리는 아무것도 행하지 못하고 또 하나님께 무언가를 돌려드리지도 못한다. 우리는 단지 그 의를 받는 자이며 우리 안의 다른 행위자, 즉 하나님을 견디는 자다. 이런 신앙의 의 혹은 기독교적인 의를 우리는 수동의 의(iustitia passiva)라고 부른다. 그런데 이런 의는 비밀 속에 감춰져 있어서 세상은 그것을 이해하지 못한다. 심지어 그리스도인들조차도 이런 의를 충분히 붙잡지 못하며, 특히 시험 속에서 이런 의를 붙잡는 것은 매우 어렵다. 그러므로 이런 의는 항상 각인되어야 하고 지속적으로 사용하여 연습이 되어야 한다. 그리고 시험 속에서, 공포 속에서 이런 의를 유지하고 붙잡지 못하는 사람은 설 수 없다. 이 수동의 의보다 양심을 더 견고하고 확실하게 위로할 수 있는 의는 없다.[10]

여덟째, 이 조항을 성경 이해의 열쇠로 보았기 때문이다.

루터는 창세기 15장 6절에 대한 주경에서, 이 구절을 해석하면서 먼저 그의 성경 해석의 원칙을 분명히 한다. 바울이 기독교 신앙의

---

10. 같은 책, 41.

핵심 교리로 보았던 이신칭의 교리를 창세기의 해석 원칙으로 삼는다는 것을 분명히 한다. 즉 창세기를 바울적으로 고찰하고자 한다. 스콜라 신학자들이 성경을 아리스토텔레스적으로 고찰(Aristotelice tractare scripturas)하려 했다면, 그는 (바울) 사도적으로 고찰(Apostolice tractare scripturas)하려 했기 때문이다.

> 너희는 바울을 읽어 보아라. 그리고 자세히 읽어 보아라. 그러면 그가 이 구절에서 우리 신앙의 근본 원칙을 끄집어내고 있는 것을 보게 될 것이다. 오직 믿음만이 의롭게 한다고 말하는 것은 세상과 사탄에게는 참을 수 없는 일이다.[11]

그는 당시 스콜라 신학자들이 신학의 근본 원칙을 어기고 있음을 이 말을 통해 암시하고 있다. 그에게 신학의 전제는 이신칭의 교리다. 이런 원칙에서 그는 인간이 어떻게 의롭게 되는지에 대해 분명한 원리를 제시한다.

아홉째, 이 교리가 자신의 생명을 구원했다고 생각하기 때문이다.
    루터에게 인생의 최대 문제는 어떻게 하면 자신이 구원을 얻을 수

---

11. WA 40 III, 562.

있는가였다. 그는 시편 연구와 바울의 로마서 연구와 갈라디아서 연구를 통해 구원을 얻는 새로운 길, 즉 이신칭의의 길을 발견했다. 이를 통해 자신의 구원을 확신했고 자신의 생명을 구원하게 되었다.

루터에게 칭의론은 이처럼 교회를 살리고 자신을 살린 중요한 교리였다. 그는 이 교리를 목숨처럼 소중히 여기고 많은 사람에게 전파하기 위해 애썼다.

이제 그가 이신칭의를 깨닫기까지 어떻게 살아왔는지 살펴보자. 이를 통해 우리는 루터의 칭의론이 어떻게 시작되었는지 더욱 분명히 알게 될 것이다.

3.
칭의론의 계기

나는 어떻게 의로워질 수 있는가?(1483-1512년)

루터의 출생과 성장, 회심과 수도원 입문 그리고 비텐베르크 대학 교수가 되기까지의 과정을 살펴보면, 그가 의로워지기 위해 얼마나 발버둥을 쳤는지 알 수 있다.[1] 루터가 고등학교를 마칠 때까지 칭의의 문제를 심각하게 고민한 흔적은 분명하게 나타나지 않지만, 이 문제를 인생의 중차대한 문제로 삼았음은 이후의 삶에서 점점 드러난다. 이것은 그가 매우 특별한 사람이어서가 아니라 구원 문제는 중세 후기를 살아가는 대부분 사람들의 고민이었기 때문이다. 당시 사람들

---

1. 김용주, 『루터, 혼돈의 숲에서 길을 찾다』, 익투스, 2012: 제2장 구원의 시간(53-80).

중에서 자신의 구원에 대해 심각하게 절망하며, 어떻게 구원을 받을 수 있는지에 대해 고민하지 않는 이들은 거의 없었다.

루터는 초등학교, 중학교, 고등학교 시절을 고향 아이슬레벤(Eisleben)과 마그데부르크(Magdeburg)에서 보냈다. 1505년 에르푸르트(Erfurt) 대학에 입학한 후로 구원에 대한 그의 고민이 분명하게 나타난다. 에르푸르트 대학 법학과에 진학하여 한 학기를 마치고, 잠시 고향으로 와서 지내다가 에르푸르트로 돌아가는 길에 슈토테른하임(Stotternheim)에서 그의 삶의 방향을 바꾸어 놓는 한 사건을 체험하고는 수도사가 되기로 결심한다. 이 과정을 살펴보면서 우리는 그가 의로워지기 위해 마음속에서 얼마나 애써 왔는지를 알게 된다. 먼저 그가 바울의 다메섹 체험과 비교하여 "슈토테른하임의 체험"이라 부르는 체험에 대해 살펴보자.

루터 자신은 원하지 않았지만 아버지의 권고를 따라 법학을 공부하게 된다. 탄광업자였던 아버지는 당시 출세가도라고 여겼던 법학을 아들에게 공부하게 하여 자신의 소원도 풀고 가문의 명예도 얻고 싶었던 것이다. 그러나 루터는 에르푸르트 대학에서 법학을 공부하면서도, 대학 옆에 위치한 어거스틴 은자(隱者) 수도원을 바라보며 수도사가 되고 싶은 마음을 저버릴 수 없었다. 그런데 그로 하여금 수도사가 되게 만든 사건이 슈토테른하임에서 일어났다.

대학의 첫 학기를 마치자 아버지가 루터를 고향으로 불러들였다.

혼사 문제로 불러들였다고 알려져 있지만 사실 정확한 이유는 분명하지 않다. 루터는 고향에서의 일을 마치고 에르푸르트 대학으로 돌아가는 길에 에르푸르트와 가까운 슈토테른하임을 지나게 되었다. 그때 갑자기 하늘에서 천둥 번개가 쳤고, 번개가 엄습하는 바람에 넘어져서 다리를 다치고 말았다. 그 순간 그는 하나님의 진노와 심판을 느끼고 두려워 떨었다. 그래서 중세 시대의 수호신 중에서 가장 인기 있는 성 안나에게 도움을 구했다. "성 안나여, 저를 도와주십시오. 그러면 제가 수도사가 되겠습니다." 그가 이렇게 서약한 가장 중요한 이유는 수도사가 되는 것이 구원을 얻는 가장 확실한 방법이라고 생각했기 때문이다. 물론 그의 이런 생각의 저변에는 중세 신학과 교회 그리고 당시 주요 경건 운동을 지배하던 공적 구원 사상이 깔려 있었다. 구원을 얻기 위한 공적을 쌓는 가장 확실한 길은 수도사가 되는 것이고, 공적이 확실할수록 구원도 확실하다고 믿었기 때문에 수도사의 길을 택했던 것이다.

   루터는 아버지의 반대에도 불구하고, 그 당시 가장 엄격한 규율을 실천했던 개혁수도원인 어거스틴 은자 수도원에 입회하여 수도사 생활을 시작한다. 루터의 수도사 생활 회상에 의하면, 그는 다른 수도사들보다 더 적극적으로 규율을 준수했고 수도원 내에서 좋은 평가를 받았다. 하지만 루터는 자신의 구원에 대해서는 더 절망적이 되었다. 수도원의 규율을 더 열심히 지키려 하면 할수록 자신의 내면에서 모순된 모습을 발견했기 때문이다. 바울의 고백처럼 선을 행하는 자신 안에 악이 공존하는 것을 발견하게 되었다. 그리고 무엇보다 자신이 얼마만큼 공적을 쌓아야 구원을 얻기에 충분한지에 대한 확신이 없었다.

이런 모순된 삶이 계속되는 가운데 그는 자신의 예정 문제에 대해서도 시험을 받게 된다. 예정된 자라면 죄도 없앨 수 있고 충분한 공적도 쌓을 수 있을 텐데, 자신은 그 반대로 나타나니 예정에 대한 확신을 가질 수 없었다. 그는 신의 위로보다는 신의 진노가 자신을 사로잡고 있음을 자주 발견하게 되었고, 그럴 때마다 심한 절망의 나락으로 떨어졌다.

1508년 그가 에르푸르트 대학에서 얼마 떨어지지 않은 곳에 위치한 비텐베르크 대학 강사로 초빙된 후에도 이런 절망은 계속되었다. 비텐베르크 대학은 당시 작센의 영주였던 현자 프리드리히(Friedrich der Weise)가 세운 학교다. 영주가 거주하는 지역에 생긴 대학이다 보니 금방 알려지게 되었고 비텐베르크는 학문과 예술을 장려하는 문화 도시로 자리를 잡게 된다. 루터는 에르푸르트 은자 수도원 수도사였지만 비텐베르크 대학의 교양 학부에서 아리스토텔레스의 윤리학을 강의해 달라는 초빙을 받았다. 이 대학에서 철학을 강의하는 중에도 그의 근본적인 문제는 해결받지 못한다.

그래서 루터는 자신의 구원 문제를 해결받기 위해 교부들의 책을 읽게 되는데, 특히 어거스틴의 저작에서 큰 도움을 받는다. 어거스틴의 펠라기안 반박서인 『영과 문자에 관하여』, 『자연과 은총에 관하여』 등을 읽으면서 바울의 신학에 눈을 뜨게 된다. 그러면서 중세의 저명한 신학자들이 잘못 가르치고 있다는 것을 발견하게 된다. 인간 본성의 타락과 그로 인한 오직 은혜를 통한 구원에 대해 새롭게 이해하게 된다. 그렇다고 그가 오늘날 우리가 알고 있는 이신칭의 교리의 전체 내용을 깨달은 것은 아니었다. 루터 학자들이 소위 "탑의 체험"이라고 말하면서 루터가 이신칭의 교리를 어느 한순간에 깨달은 것처럼 주장하는데 이는 사실이 아니다. 루터는 어거스틴의 저작의 도움을 받아 바울을 연구하면서 이 교리를 이제 겨우 맛보게 된 것이다.

이런 깨달음을 통해 루터는 자신의 시험을 극복하는 가운데 당시 비텐베르크 대학교 신학원장인 슈타우피츠(Staupitz)의 도움을 받는다. 슈타우피츠 원장은 루터의 고해 신부이기도 했는데 루터가 자신의 구원 문제로 상담할 때 그에게 두 가지 방법, 즉 성경과 십자가에 못 박히신 그리스도를 바라보도록 권면했다.

루터는 수도사가 되었음에도 불구하고 성경에서 위안을 받은 적이 거의 없었다. 당시 수도원에서는 수도사가 되기 위한 견습 기간에만 성경을 보게 하고 그 후로는 성경을 보지 못하게 했기 때문이다. 그는 에르푸르트 대학 도서관에 있는 성경을 간간히 보면서 그 내용을 익혀 성경에 박식한 수도사였지만, 그럼에도 불구하고 성경은 그에게 위로의 책이 되지 못했고 다른 신학 책들에 비해 열등한 위치에 놓여 있었다. 그러나 이제 어거스틴의 도움을 받아 바울을 연구하면서 성경을 집중적으로 연구하게 되었다. 이제 성경은 그에게 가장 중요한 책이 되었고 가장 큰 위로를 주는 책이 되었다.

그리고 루터는 슈타우피츠의 또 다른 충고를 따라 십자가에 못 박히신 그리스도를 깊이 묵상하게 되었다. 중세 시대에 그리스도는 위로의 원천이 아니라 모세보다 더 무서운 분으로 여겨졌다. 그리스도는 모세의 율법보다 더 무서운 산상수훈을 가져와서 이 율법을 지키지 않으면 즉시 형벌을 주시는 분으로 가르쳐졌다. 루터는 이런 중세 신학과 경건의 영향으로 인해, 그리스도를 바라볼 때마다 하나님의 진노를 느끼고 있었다. 하지만 이제 나를 위해 십자가에 못 박혀 죽으신 분으로 그리스도를 묵상하게 되자, 그리스도를 통해 도리어 큰 위로를 받게 되었다. 그러면서 마음에 큰 안정을 갖게 되었고 정식 수도사가 되었다.

그때 슈타우피츠 원장은 루터에게 박사 논문을 쓰라고 권면했다. 그리고 1512년에 루터가 학위를 마치자 비텐베르크 대학의 성경 교수로 임명했다. 이는 슈타우피츠가 교단 일을 맡느라 교수직을 내려놓아야 했기 때문이다. 이제 루터는 정식으로 신학 교수가 되어 성경을 강의하게 되었는데, 그가 처음으로 강의한 내용은 시편이다. 이 강의는 거의 3년(1513-1515년)에 걸쳐 행해졌고, 8절지로 2,000페이지가 넘는 방대한 분량이다. 이 시편 강의를 통해 그는 죄인의 칭의에 대해 새롭게 이해하기 시작한다.

4.
칭의론의 시작

최초의 성경 강의인 시편 강의(1513-1515년)에 나타난 칭의 이해

루터가 시편 강의를 맨 먼저 시작한 이유

비텐베르크 대학 교수로 취임한 루터는 시편을 강의하기 시작한다. 시편 강의를 다 마친 후에는 바울 강의로 넘어가서 로마서, 갈라디아서, 히브리서 강의를 계속 해나간다. 이 초기의 강의들을 통해 루터는 칭의론을 형성해 가는데, 특히 1515년부터 1516년까지 한 로마서 강의를 통해 자신의 칭의론에 견고한 초석을 놓는다. 그러나 이 강의 전에 했던 시편 강의는 그런 초석을 놓기 위해 반드시 필요한 준비 작업이었음을 잊지 말아야 한다.

루터는 시편 강의에서 그의 칭의론의 상당 부분을 진척시켰고, 당시 스콜라 신학자들이 가르쳤던 공적 구원론을 암시적으로 비판했다. 그리고 그가 로마서에서 본격적으로 주장할 '오직 예수 그리스도를 믿는 믿음을 통한 칭의와 그리스도의 의의 전가를 통한 칭의'를 발견하고 이 사실을 알리려고 노력했음을 볼 수 있다.

루터는 비텐베르크 대학 교수가 된 후에 왜 첫 번째 강의로 시편을 선택했을까? 그 이유는 무엇보다 그가 몸담았던 수도사의 삶에 기인한다. 수도사들의 기도문 대부분이 시편이었고, 수도사들은 그날그날 주어진 시편 말씀을 묵상하면서 기도했다. 따라서 루터는 시편의 주요 구절을 거의 다 암송하고 있었을 것이고, 큰 어려움 없이 시편을 강의할 수 있었을 것이다.

그러나 또 다른 이유도 있다. 그가 시편 구절을 묵상하면서 일부 구절의 의미를 몰라서 적지 않게 애를 먹었기 때문이다. 그는 "하나님의 의"가 나오는 시편을 해석할 때마다 이 개념을 어떻게 이해해야 할지 몰라서 무척 난처해 했다. 시편 31편 1절의 "주의 공의로 나를 건지소서"를 읽고 노래할 때 그는 매번 깜짝 놀랐는데, 이는 그가 하나님의 의를 하나님의 심판으로 이해했기 때문이다. 하나님의 의가 죄인에 대한 심판을 의미한다면, 그는 멸망당할 수밖에 없고 구원을 받을 수 없다. 시편 2편 11절의 "여호와를 경외함으로 섬기고 떨며 즐거워할지어다"는 말씀을 읽을 때도 그랬다. 시편 71편 2절의 "주의 의로 나를 건지시며"라는 말씀도 비엘(Gabriel Biel)의 해석 방법에 따라 미사 때 현존하는 심판자 그리스도로 해석했다. 그러나 1513년부터 시작한 1차 시편 강의를 통해 시편에 대한 깊은 묵상을 하게 되었고 시편 말씀을 올바로 이해하면서 시험을 극복할 수 있었다.[1]

우리는 시편 강의에서 그의 새로운 칭의 이해의 시작을 알리는 부분을 발견할 수 있는데, 그것은 바로 시편 32편 1절에 대한 해석이다.

시편 32편 1절에 나타난 칭의론

루터가 시편 32편 1절, "허물의 사함을 받고 자신의 죄가 가려진 자가 복이 있도다"의 해석에서 자신의 칭의론을 개괄적으로 정립하고 있다는 점이 참으로 놀랍다. 루터는 여기에서 칭의에 대한 자신의 새로운 이해를 제시하며, 자신의 의견은 바울이 이미 말한 내용과 일치한다고 말하고 있다.

그는 허물의 사함을 받는 일은 "그리스도를 통해서가 아니면 결코 일어나지 않는다"[2](Hoc autem non fit nisi per Christum)고 분명히

---

1. 김용주, 『루터』, 80-86.
2. WA 3, *Dictata Psalterium*, 174.

못을 박는다. 계속하여 그는 "그러므로 어느 누구도 자신으로부터가 아니라, 오직 그리스도를 통해서만 구원을 받을 것이다"(Ergo Nemo ex se, sed per solum Chritum salvus erit)고 말하면서 오직 그리스도를 통해서만 구원을 받을 수 있음을 확실히 한다. 그는 이런 구원의 공식은 바울의 로마서 전체의 결론이라고 보면서, 바울이 분명히 복음에는 하나님의 진노가 나타날 뿐만 아니라 하나님의 의도 나타난다고 말했음을 강조한다.[3]

그러면서 루터는 왜 하나님이 자신의 복음을 통해서 죄인을 구원하시는지 그 이유를 설명한다. 어느 누구도 하나님의 진노가 모든 사람 위에 있다는 사실을 모르기 때문에, 그리고 모든 사람이 하나님 앞에 죄 가운데 놓여 있다는 사실을 모르기 때문에 하나님은 스스로 자신의 복음을 하늘로부터 계시하신다고 말한다. 하나님은 복음 안에 나타난 의를 통해서, 즉 그리스도를 통해서 죄인을 해방시키신다.[4] 그는 "공적 없이"(sine meritis), "수동적"(passive)으로 죄를 사

---

3. 같은 책, 174: "Et hec est etiam conclusio totius Epistole b. Pauli Roman: ad quam singula eiusdem pene verba sonant, ut videtur inspicienti. Dicit enim: 'Reverlatur enim de celo ira dei &c.'(1:18) Item 'iustitia dei revelatur in eo &c.'"
4. 같은 책, 174: "Sensus est: Nullus hominum scivit, quod ira dei esset super omnes et quod omnes essent in peccatis coram se, sed Euangelium suum ipse de coelo revelavit et quomodo ab ista ira salvi fieremus, et quam iustitiam liberraremus, scilicet per Christum."

함받는 방식이 히브리인의 관습에 분명히 있었다고 말하면서 이런 식으로 죄를 사함받는 방식을 옹호하고 그 이유는 원죄 때문이라고 말한다.[5]

루터는 여기에서 자신의 칭의론의 핵심 내용이 될 전가적 칭의도 분명히 언급한다. 그는 바울이 아브라함에 대한 해석을 통해 전가적 칭의를 말한다고 본다. "하나님이 그의 죄를 죄로 여기시지 않는데(non imputat) 그 이유는 하나님이 그에게 의를 전가시키기 때문이다"[6](reputat). 여기서 루터는 "imputatio"와 "reputatio" 같은 자신의 칭의론의 핵심 단어를 말함으로써 자신의 칭의론의 중요한 기초를 만들어 간다.

하지만 루터는 죄인이 전가적 칭의를 얻기 위해서는 반드시 먼저 자신의 죄를 회개하고 뉘우쳐야 한다고 말함으로써, 그리고 누군가가 죄를 회개하기 원치 않으면 그는 자신을 변호하고 그리스도의 의를 부정하는 사람이라고 말함으로써 아직도 겸손을 칭의의 조건으로 보는 중세 후기의 겸손 신학(humilatio-Theologie)에서 완전히 벗어나지 못하고 있다.[7]

---

5. 같은 책, 174-175.
6. 같은 책, 175: "tali enim non imputat peccatum, quia reputat ei iustitiam."
7. 같은 책, 175: "Secundo dicit Beatus cui non imputavit peccatum. Significat quod quilibet est iustus, cui deus reputat iustitiam sicut Abrahe secundum apostolum:

루터는 이 시편이 두 가지 원칙을 가르친다고 본다. 첫 번째 원칙은 모든 사람이 죄 가운데 있기 때문에 어느 누구도 의롭지도 않고 행복하지도 않다는 사실이고, 두 번째 원칙은 어느 누구도 죄의 용서에 합당한 공적을 얻을 수 없고 오직 하나님이 은혜를 베풀어 주셔서 죄로 여기지 않고 용서해 주심으로만 의로워진다는 것이다. 그는 어떤 사람도 자신으로부터 의로워질 수 없다고 분명히 못을 박는다.[8]

루터는 여기에서 자신이 말하는 칭의의 방식은 이미 구약에 나와 있고 신약에서도 증거하고 있는데, 특히 바울이 이런 방식의 칭의를 말하고 있다고 본다. 그러나 우리가 잊지 말아야 할 것은, 루터가 이 시편에서 자신의 칭의론을 이미 완성했다고 봐서는 안 된다는 것이다. 루터가 비록 중세 스콜라 신학자들의 공적 구원론을 비판하고 있지만 아직도 중세 신학의 칭의론을 좀 더 예리하게 근본적으로 비판하고 있지는 않다. 그가 중세 신학의 칭의론의 어두운 터널을 빠져나

---

tali enim non imputat peccatum, quia reputat ei iustitiam. Et non in spiritu eius dolus, id est qui non vult confiteri peccatum, sed defendit se et negat iustitiam Christi."

8. 같은 책, 175: "Duo docet primcipium psalmi, Primo quod omnes sunt in peccatis, (nullus sit iustus) et nullus beatus. Secundo Quod peccatum remitti nullus promereri valuit, sed solum Dominus gratuito non imputando remittit quod nullus iustus fieri ex se potest."

와 새롭고 독자적인 칭의론을 정초한 것은 1515년부터 1516년까지 한 로마서 강의에서다.

5.
칭의론의 정초(定礎)

루터 칭의론의 정초인 로마서 강해(1515-1516년)

루터는 첫 번째 시편 강의를 통해, 당시 스콜라 신학자들이 가르치는 칭의론과 바울이 말하는 칭의 이해가 다르다는 것을 발견하게 된다. 그는 시편 강의를 하면서 바울을 자주 인용했는데, 특히 의에 관한 가르침에서 시편의 구절들과 바울서신에 나오는 칭의에 관한 주요 구절들을 연결시키고 있다.

 루터는 1515년 초에 시편 강의를 마치고 본격적으로 바울서신을 강의하기 시작한다. 1515년부터 1516년까지 로마서 강의를, 1516년에는 첫 번째 갈라디아서 강의를, 그리고 1517년부터 1518년까지 히브리서 강의를 하면서 바울이 말한 칭의가 무엇인지 집중적으로 탐구한다. 특히 로마서 강의에서 본격적으로 자신의 칭의 이해를 드러내는 동시에 스콜라 신학자들의 잘못된 칭의 이해를 비판하고 있다.[1]

낯선 의에 대한 신앙을 통한 칭의

로마서를 강해할 때 루터는 어거스틴의 펠라기안 반박서들에서 큰 도움을 받는다. 특히 어거스틴의 『영과 문자에 관하여』를 통해 바울의 칭의론을 새롭게 이해하게 된다. 죄인이 구원을 받는 것은 행위를 통해서가 아니라 오직 은혜로 받는다는 사실을 바울이 말하고 있음을 발견하게 된다. 루터는 스콜라 신학자들이 가르치던 행위를 통한 칭의 이해와 바울의 칭의 이해가 다르다는 것을 포착하면서 그들을 비판하기 시작한다.

    루터는 서론에서 로마서 개관을 제시하면서 인간은 자기 지혜와 행위로는 구원받을 수 없음을 분명히 하고, 바로 이 사실로 인해 이 서신이 쓰였다고 본다. 그는 이 서신은 두 가지로 요약(summarium)할 수 있는데, 첫째는 육의 온갖 지혜와 의를 멸하고(destruere) 뿌리 뽑고(evellere) 멸절시키는(disperdere) 것이요, 둘째는 죄(peccatum)를

---

1. 김용주, 『루터』, 87-96.

심고(plantare) 세우고(constituere) 증대시키는(magnificare) 것이라고 말한다."[2]

또한 죄인은 자신의 의가 아니라 그리스도의 의로만 구원을 받는다는 사실도 명확하게 말한다.

하나님은 분명히 우리 안에 내재하는 의(per domesticam)를 통해서가 아니라, 우리 밖으로부터 오는 의(per extraneam iustitiam)와 지혜를 통해서 우리를 구원하신다. 그런데 이런 의와 지혜는 우리로부터 오거나 태어나는 것이 아니라, 다른 곳으로부터(aliunde) 우리 안으로 들어오며, 이 땅에서 기원하는 것이 아니라 하늘로부터 내려온다. 따라서 우리는 바깥의 낯선 의(externa et aliena iustitia)를 가르쳐야 한다.[3]

루터는 이 말을 통해 무엇보다 스콜라 신학자들의 잘못된 칭의론을 비판하고 있다. 스콜라 신학자들이 아리스토텔레스 철학의 영향을 받아 아리스토텔레스적으로 칭의를 이해하려 했다는 사실을 발견하

---

2. *Vorlesung über der Römerbrief 1515/1516*, Lateinische-deutsche Ausgabe; Erster Band, 1960, Wissenschaftliche Buchgesellschaft Darmstadt, 8.
3. 같은 책, 10.

고 이를 비판한다. 아리스토텔레스는 인간이 지혜, 용기, 절제, 정의, 우정 등과 같은 덕목(virtus)을 갖는 것은 전적으로 인간의 노력에 달려 있다고 본다. 그는 이를 이해시키기 위해 피아니스트의 비유를 드는데, 좋은 피아니스트가 되려면 피아노를 열심히 쳐서 그 기술을 익혀야 하는 것처럼, 인간이 그런 덕목들을 가지려면 계속 반복해서 노력해야 한다고 말한다. 마찬가지로 인간이 의로워지려면 의로운 행동을 반복적으로 되풀이하여 의가 우리 마음에 습성(habitus)이 되게 해야 한다고 주장한다. 의의 습성이 장착되면 의를 행하는 것이 습관이 되고, 의로운 행동을 반복하다 보면 의인이 된다는 것이다. 아리스토텔레스는 인간이 의인이 되는 방식을 다음의 문장에서 잘 요약하고 있다.

> 만일 그들이 의롭고 신중하게 행한다면, 그들은 의롭고 신중한 것이다. 이는 마치 우리가 문법이나 음악을 행하면, 이미 문법가나 음악가인 것과 같다.[4]

토마스 아퀴나스를 중심으로 한 스콜라 신학자들이 이런 아리스토텔레스의 윤리학을 도입하여 공적 칭의론을 고안해 낸 것이다. "자

---

4. Aristoteles, *Die Nicomachische Ethik*, 5 Aufl., DTV, München, 2002, 136-137.

연은 은혜를 폐지하지 않고 도리어 세운다"는 토마스의 유명한 말은 철학과 신학이 조화될 수 있다는 자신의 주장을 요약한 것이다. 그에 의하면, 은혜는 결코 자연을 폐지하지 않으며 도리어 타락한 후에도 우리 안에 남아 있는 의의 소질을 깨우고 발휘하게 하여 의를 행하도록 돕는다. 인간은 은혜의 도움으로 의로운 행동을 하게 되고, 이 첫 번째 의는 다음 은혜를 받게 하는 전제 조건이 된다. 좀 더 자세히 설명하면, 그는 교회의 신부가 행하는 성례에 참예함으로써 은혜의 주입(gratia infusa)을 받게 되는데, 이 은혜는 그 안에 있는 의의 소질을 깨워 의로운 행동을 하게 만든다. 이런 과정이 반복되다 보면 우리 안에 의의 습성(habitus)이 생겨나게 되고, 우리는 의인이 되어가며, 마지막 의인 판정은 이 땅에서 되지 않고 오직 하늘나라에서 가능하다고 말한다.

루터가 "하나님은 분명히 우리 안에 내재하는 의(per domesticam)를 통해서 의롭게 만드는 것이 아니다"고 말할 때, 이는 토마스와 스콜라 신학자들이 주장하는 '습성적 칭의론'을 비판하는 것이다. 그가 볼 때, 이런 식으로 말하는 방식은 철학적으로 말하는 방식이지 신학적으로 말하는 방식이 아니고, 아리스토텔레스적으로 말하는 것이지 바울적으로 말하는 것이 아니다. 바울에 의하면, 죄인은 하나님께서 위로부터 내려 주시는 낯선 의(iustitia aliena)를 믿음으로(ex fide) 의롭게 되는 것이다. 의의 행동을 반복함으로써 자신 안에 습성이 된 고유한 의(iustitia propria)를 통해서가 아니라, 하나님께서 선물로 주시는 낯선 의를 믿음으로 의로워지는 것이다. 하나님은 우리 안에 습성이 된 의를 통해서가 아니라 우리 밖으로부터 오는 의(per extraneam iustitiam)와 지혜를 통해서 우리를 구원하신다. 루터는 의의 신적 기원을 강조한다. "이런 의와 지혜는 우리로부터 오거나 태어나는 것이 아니라, 다른 곳으로부터(aliunde) 우리 안으로 들어오며, 이 땅에서 기원하는 것이 아니라 하늘로부터 내려온다"고 말하면서 "바깥의 낯선 의"(externa et aliena iustitia)를 가르쳐야 한다고 강변한다.

신앙은 행위를 없애지 않고 도리어 본래의 자리에 세운다

이어서 루터는 인간이 외래적 의에 대한 신앙을 통해 의로워진다면 우리의 행위가 어떤 의미를 갖는지 설명한다. 이는 스콜라 신학자들이 루터가 법정적 칭의(forensic righteousness)를 주장함으로써 행위를 무용지물로 만든다고 비난했기 때문이다. 루터는 신앙은 행위를 불필요하게 만드는 것이 아니라 도리어 굳건히 세운다고 말하며 그들의 비판을 반박한다.

루터는 바울이 헐려고 한 것은 '율법의 행위'(opera legis)이지 결코 행위 자체는 아니라고 보며, 바울이 도리어 '신앙의 행위'(opera fidei)를 세우려 했다고 주장한다. 그에 의하면, 율법의 행위는 신앙과 은혜 밖에서 일어나는 행위이며, 두려움을 주어 강요하는 율법을 통해 이루어진 행위이며, 일시적인 약속을 통해 자극되어 하는 행위일 뿐이다. 그러나 신앙의 행위는 "자유롭게 만드시는 영을 통해 오직 하나님에 대한 사랑 때문에"(ex spiritu libertatis amore solo Dei) 하는 행위다. 그는 이런 신앙의 행위는 믿음을 통해 의로워진 사람이 아니면 결코 행할 수 없다고 강변한다.[5] 말하자면, 루터가 헐려고 했던 행위는 하나님에 대한 사랑 없이 강요되어 일시적인 유익을 얻으려고 하는 위선적 행위다.

루터는 로마서 4장의 주석에서 신앙과 행위의 관계를 좀 더 분명하게 전달한다. 그는 아브라함이 행위가 아니라 믿음으로 의롭게 되었음을 주장하며, 또 다윗이 어떻게 의롭게 되었는지를 설명하면서 신앙과 행위의 관계를 다음과 같이 설명한다.

하나님은 행위(opera) 때문에 그 사람을 받으시는 것이 아니라, 믿음이 있는 그 사람(persona) 때문에 그의 행위를 받으시기 때문이다. 하나님은 먼저 그를 믿는 사람으로서 받으신 다음에 믿음에서 흘러나

---

5. *Vorlesung über der Römerbrief*, 210; 3장 19절에 대한 해석에서 인용함.

오는 그의 행위를 받으신다. 행위로 의롭다 하심을 얻고자 하는 자들은 결국 스스로를 더 이상 죄인으로 여기지 않는 반면에, 믿는 자들은 항상 스스로를 죄인으로 인정한다.[6]

우리는 이 말에서 루터의 기독교 윤리의 개요를 볼 수 있다. 루터에게 중요한 것은 행위(opera) 이전에 사람(persona)이다. 그 사람이 어떤 사람이 되었느냐가 중요하다. 하나님은 먼저 그분을 믿는 사람을 의롭다고 여기신다. 그런 다음에 그 의인이 하는 행위를 받으신다. 반면에 스콜라 신학자들은 의로운 행위(opera)를 행함으로써 의로운 사람(persona)이 된다고 주장하는데, 이는 바울적 이해가 아니라 아리스토텔레스적 이해다.

죄인은 의의 전가(轉嫁)를 통해 의로워진다

루터는 로마서 4장 7절, "불법이 사함을 받고 죄가 가리어짐을 받는 사람들은 복이 있고"의 해석에서도 의롭게 되는 것이 무엇을 의미하는지 설명한다. 그는 성도들이 칭의를 구하는 방식과 위선자들이 칭

---

6. 같은 책, 256; 4장 6절에 대한 해석에서 인용함.

의를 구하는 방식을 비교한다. 성도들은 내적으로(intrinsece) 언제나 (semper) 스스로를 죄인으로 여기므로 항상 밖으로부터(extrinsece) 의롭다 하심을 얻는다고 말한다. 반면에 행위로 의롭다 하심을 얻으려는 위선자들은 내적으로 스스로를 언제나 의롭다고 여기므로 항상 밖으로부터 죄인들이라고 말한다. 여기서 '내적으로'라는 말은 '우리 자신의 판단과 소견을 따라서'를 의미하고, '밖으로부터'라는 말은 '하나님과 그의 심판대 앞에서'를 의미한다고 본다. 그는 계속하여 의가 우리 자신이나 우리의 행위에서 흘러나오지 않는다면, 우리는 '우리 자신의 외부에서' 의롭다고 말한다. 이런 맥락에서 그는 자신의 칭의론의 핵심이 될 전가적 칭의를 분명히 주장한다.

> 우리는 오직 하나님의 전가(sola Dei reputatione)를 통해서만 의롭다. 즉 그분의 전가는 우리 안에도 우리의 권세 안에도 없다. 따라서 우리의 의도 우리 안에나 우리의 권세 안에 없다.[7]

이 인용문을 살펴볼 때, 루터는 인간이 의로워지는 것은 우리 안에 있는 것을 통해서가 아니라 우리 밖으로부터 주어지는 오직 하나님의 전가(sola Dei reputatione)를 통해서만 가능하다고 본다. 그리고 이

---

7. 같은 책, 258.

런 식으로 의로워진 사람은 자신을 올바로 평가하여 자기 안에서 늘 죄인으로 평가하므로 하나님 앞에서는 의로우나, 악인은 자기 안에서 늘 의롭게 여기므로 하나님 앞에서는 죄인이라고 말한다.

루터는 여기에서 분명히 전가적 칭의를 주장하는데, 이것은 이후에 나타나는 그의 칭의론의 핵심이 되는 내용이고, 이 전가적 칭의는 그가 죽는 날까지 바뀌지 않는 그의 칭의론의 공리가 된다. 그리고 이 전가적 칭의에 대한 주장 때문에 루터는 가톨릭 측으로부터 이단이라는 말을 듣게 된다.

그리스도인은 죄인이면서 동시에 의인이다(Simul peccator et iustus)

루터는 하나님의 칭의 방식을 설명하기 위해 의사와 환자의 비유도 사용한다.[8] 의사는 환자에게 병을 진단하고 고쳐 주겠다는 약속을 하며, 환자는 그 약속을 믿고 치료를 받는다. 분명한 것은, 환자는 아직 병이 나은 것이 아니며 단지 치료해 주겠다는 의사의 약속을 받은 것뿐이다. 그러나 환자가 의사의 약속을 믿고 지속적으로 치료를 받는다면 마침내 병은 치료될 수 있다. 루터는 이 비유를 가지고 그

---

8. 같은 책, 263-264.

리스도인이 어떤 존재인지를 설명한다.

그리스도인은 죄인이면서 동시에 의인(Simul peccator et iustus)이다. 그가 자신 안을 볼 때는 사람들 앞에서(coram hominibus) 죄인이지만, 하나님 앞에서(coram Deo)는 그분의 약속 때문에 의인으로 간주된다. 루터는 다음의 문장에서 이 사실을 좀 더 확실하게 말한다.

> 그렇다면 그는 완전히 의로운가? 아니다. 그는 죄인이면서 동시에 의인(simul peccator et iustus)이다. 실제로는(re vera) 죄인이지만 하나님의 전가와 확실한 약속으로 인해(ex reputatione et promissione Dei certa) 의롭다.[9]

여기서 죄인이면서 동시에 의인이라는 말은, 절반은 죄인이고 절반은 의인이라는 뜻이 아니라, 전인(totus homo)이 하나님 앞에서는 의인으로 인정되지만 자신 앞에서는 죄인으로 인정된다는 뜻이다.[10] 그리스도인은 전인이 의인으로 인정을 받았지만 여전히 죄를 짓고 살아가는 실제적인 죄인이다. 루터는 우리가 의인이 되었다고 해서 죄가

---

9. 같은 책, 264.
10. Leif Grane, *Die Confessio Augustana*, UTB Vandenhoeck, Göttingen 1990, 45-54.

없어지는 것이 아님을 강조하고 있다. 여기서 우리는 "그러면 그리스도인은 실제로 의로워질 수 없는가?"라는 질문을 던질 수 있다.

앞에서 환자와 의사의 비유를 통해 말한 것처럼, 루터는 하나님이 죄인을 의롭게 하겠다고 약속하시고 은혜의 수단인 말씀과 성례를 통해 그리고 고난을 허락하심으로 그리스도인을 실제로(effectiv) 의롭게 만들어 가신다고 말한다. 그분은 우리에게 성령을 보내시어 우리 안에 오직 그리스도가 통치하시고 죄가 통치하지 못하도록 하며, 그리스도의 의가 우리의 의가 되도록 만들어 가신다. 그래서 그리스도인은 지금 의인이면서 동시에 죄인의 신분으로 살아가지만 마지막 날에는 실제로 그리스도처럼 의롭게 될 것이다. 성령은 말씀과 성례를 통해 그리고 십자가를 허락하셔서 이 일을 이루어 가신다. 요약하면, 하나님은 먼저 죄인에게 그리스도의 의를 전가하심으로써 법적으로 의롭다고 선언하시고, 즉시 성령을 보내시고 은혜의 수단인 말씀과 성례를 통해 그를 실제로도 의롭게 만들어 가신다는 것이다.

오늘날 칭의 논쟁의 가장 큰 문제점은, 칭의를 하나님 주도적으로, 역동적으로 이해하지 못하고 있다는 점이다.[11] 하나님은 의롭다고 선

---

11. 오늘날 칭의 논쟁에서 가장 크게 간과하는 사실은, 칭의의 주체가 인간이 아니라 하나님이라는 사실이다. 칭의는 하나님이 시작하시고 하나님이 완성하신다. 루터의 칭의론은 정적(statistic) 칭의론이 아니라 역동적(dynamic) 칭의론이다.

언만 하시고 나머지는 우리에게 맡기는 분이 아니시다. 하나님은 우리와 인격적인 사귐을 가지면서 계속 간섭하시어 마침내 우리 안에 시작하신 의의 일을 완성하신다. 무엇보다 하나님은 신자에게 십자가를 허락하셔서 그 안에 시작한 의를 완성하신다.

하나님은 십자가를 통해 신자를 의롭게 만들어 가신다

로마서 5장 1-2절의 해석에서 루터는 이 진리를 좀 더 상세히 설명한다. 의인은 어떤 상태에 있는가? 의인은 하나님의 전가(refutatio)를 통해 행위가 아니라 믿음으로 의롭다고 칭해졌음에도 불구하고, 그들은 이미 의롭다(iusti)기보다는 의롭게 되었다(iustificati)고, 그리고 의(iustitia)라기보다는 칭의(iustificatio)의 상태에 있다고 해야 한다. 즉 그들 안에 의가 아직 완성되지 않았기 때문에 그들은 항상(semper) 의로워져야 한다. 말하자면, 그들은 칭의의 과정 속에 있고, 오직 온전히 의로우시고 온전한 의를 갖고 계신 분은 그리스도 한 분이시다.

루터는 이러한 의의 상태로 인해 그들의 현재 삶은 필연적으로 모순되어 나타나게 된다는 사실을 지적한다. 신자들은 양심과 영 안에서는 하나님과 평화하지만, 육체와 세상과 마귀와는 불화하고 있다. 따라서 그리스도인은 자신의 육체 안에 있는 죄와 세상과 마귀와 끊

임없이 싸워 나가야 하고, 이것들과 싸워 승리하면서 매일 갱신을 경험하게 된다.

루터는 그리스도인이 이런 치열한 삶을 외면하고서 추론과 명상을 통해 하나님에게 직접 이르려고 하는 디오니시우스(Dyonisius von Areophagita)와 같은 신비주의자들의 신비적 영성을 비판한다. 루터가 볼 때, 그들은 자신 안에 있는 실제적인 죄를 보지 못하고 죄와의 싸움은 더 이상 필요 없는 것처럼 생각하고 곧바로 하나님의 깊은 곳으로 들어가려고 하는 사람들이다.[12]

신자는 날마다 자신 안에 있는 죄를 직시하고 죄와 싸워야 한다. 그러나 신자는 때때로 육신의 연약함으로 인해 모든 악의 여주인인 안주(securitas)에 빠지고 만다. 그래서 하나님은 의인에게 환난을 주신다. 소망을 이루는 방식을 다룬 로마서 5장 3-5절에 대한 주경에서 루터는 신자에게 환난의 필요성과 중요성에 대해 말한다.

루터는 죄로 인해 안주에 빠질 수 있는 신자를 구원하기 위해 취하시는 하나님의 지혜를 언급한다. 이미 시편 강의에서 언급했던 것으로, 십자가를 통해 신자를 구원하시는 방식이다. 하나님은 신자를 먼저 의롭게 하시고 곧바로 환난을 주신다. 물론 이 환난은 심판으로부터 말미암은 환난이 아니라 하나님의 자비로부터 말미암은 환난

---

12. *Vorlesung über der Römerbrief*, 314-321.

이다. 이는 신자가 안주에 빠지지 않고 죄와 마귀와 세상과 싸우도록 고무하기 위한 것이다. 환난은 신자에게 반드시 오는데, 신자는 이 환난을 그리스도의 십자가와 같이 존중해야 한다. 루터는 십자가의 유물을 흠모하면서도 환난과 역경을 피하는 사람은 위선자라고 말한다. 그는 바울이 그리스도의 십자가라고 말했을 때 이런 환난도 포함되어 있음을 분명히 말한다. "그래서 성경에서는(고전 1:18, 마 10:38, 갈 5:11, 빌 3:18) 환난이 본래 그리스도의 십자가(Crux Christi)라고 칭해진다." 그는 환난을 미워하는 사람은 바로 그리스도의 원수라고 부른다.

루터는 하나님께서 의롭다고 선언하신 의인을 환난이라는 방법을 통해 더욱 의롭게 만들어 가신다고 말한다. 그러므로 신자에게 환난이 있는 것은 도리어 의인이 되었다는 징표다. 그는 환난을 하나님의 축복의 징표로 본다. 하지만 스콜라 신학자들은 의인에게는 환난이 오지 않는다고 말하거나, 아니면 공적을 얻기 위한 수단 정도로 환난을 해석하면서 신자에게 다가오는 환난을 축복의 징표로 보지 않았다.

스콜라 신학자들은 칭의를 바울적이 아니라 아리스토텔레스적으로 이해한다

로마서 강의를 하면서 루터는 바울을 더 깊이 이해하게 되었고, 바울의 칭의론이 스콜라 신학자들이 주장하는 칭의론과 매우 다르다는 것을 알게 되었다. 무엇보다 스콜라 신학자들은 신자의 신분이 처한 역설적 성격, 그들의 삶에 일어나는 역설성과 그 역설성에서 유발되는 환난과 그 유익에 대해 무지한데, 이는 루터가 볼 때, 그들이 아리스토텔레스 철학을 차용하여 신학을 변증법적으로 이해하려 했기 때문이다.

루터는 로마서 강의를 통해 어거스틴의 신학과는 더욱 친숙해지고 아리스토텔레스 철학에 기초한 스콜라 신학과는 더욱 멀어진다. 그는 스콜라 신학자들이 신학적으로 말하는 방식(modus loquendi theologicus)을 알지 못하며, 철학적으로 말하는 방식(modus loquendi philosopicus)으로 말한다는 사실을 분명히 간파하게 된다.[13] 이러한 그의 통찰은 이후로 갈라디아서 강의와 히브리서 강의에서도 계속 이어진다.

---

13. Leif Grane, *Modus Loquendi Theologicus. Luthers Kampf um die Erneuerung der Theologie(1515-1518)*, Leiden, E. J. Brill, 1975.

로마서 강의에 나타난 루터의 칭의론을 요약하면 다음과 같다. 첫째, 죄인은 낯선 의의 전가를 통해 의롭다고 칭함을 받는다. 둘째, 전가적 칭의는 위선적 행위는 폐하고 도리어 진실한 행위는 굳건히 세운다. 셋째, 그리스도인은 죄인이면서 동시에 의인이다. 넷째, 하나님은 우리 안에 그리스도의 통치를 실현시키기 위해 십자가를 허락하시고, 이 십자가를 통해 우리를 실제로 의롭게 만들어 가신다. 이러한 칭의 이해는 그의 전 생애를 지배하게 된다. 말하자면, 그는 여기에서 자신의 칭의론을 정초(定礎)한 것이다.

이후 1516년에 한 갈라디아서 강의와 1517년부터 1518년까지 한 히브리서 강의에서도 로마서 강의에서 말한 칭의론과 비교하여 큰 발전은 없었다. 그런데 이 시기에(구체적으로 1519년에) 그는 '하나님의 의'가 무엇인지를 찾다가 개인적으로 강한 칭의 체험을 하고 천국에 들어가는 것 같은 순간을 맛보게 된다.

6.
개인적 칭의 체험
하나님의 의에 대한 새로운 해석(1519년)

루터는 이미 로마서 강의를 통해 바울의 칭의 이해가 스콜라 신학자들이 가르치는 칭의 이해와 다름을 알아차렸고, 어거스틴의 도움을 받아 자신의 칭의론을 정초했다. 이후 갈라디아서 강의(1516년)와 히브리서 강의(1517-1518년)에서도 이 로마서 강의에서 발견한 내용을 바꿀 만큼 새로운 해석은 내놓지 못했다. 그러다가 1519년에 2차 시편 강해를 하기 직전에 이신칭의 진리를 개인적으로 체험하게 된다. 그 체험이 아주 강렬했기에 루터는 죽기 전 해인 1545년에 라틴어 전집 서문에 다음과 같이 쓰고 있다.

한편 나는 이미 그해(1519년) 동안에 시편을 새롭게 해석하는 일로 돌아와 있었다. 대학에서 로마서, 갈라디아서, 히브리서를 강의한 후에 좀 더 능숙해졌다는 사실을 확신하게 되었다. 실제로 나는 로마서에서 바울을 이해하는 데 비상한 향기에 심취해 있었다. 그러나 그때까지 내 길을 방해한 것은 마음의 차가운 피가 아니라 "하나님의 의가 나타나서"(롬 1:17)라는 구절에 나오는 단어였다. 왜냐하면 나는 '하나님의 의'라는 단어를 미워했기 때문이다. 모든 교사들의 용법과 관습에 따라 나는 이 단어를 그들이 부르는 바 '형성적(forma) 의' 또는 '능동적 의'를 의미하는 것으로 이해하도록 철학적으로 배웠기 때문이다. 하나님은 이런 식으로 의로우시며, 불의한 죄인을 벌하신다는 것이다.

나는 수도사로서 흠없이 생활했지만 매우 혼란스러운 양심 속에서 나 자신이 하나님 앞에서 죄인이라고 느꼈다. 하나님께서 나의 보속(補贖: satisfactio)을 통해 달래졌다고 믿을 수 없었다. 나는 죄인을 벌하는 의로우신 하나님을 사랑하지 않았다. 아니 미워했다. 그리고 은밀하게 신성모독은 아니지만 분명히 나는 하나님에게 화를 내고 있다고 중얼거렸고, "실제로 원죄로 인해 영원히 잃어버린 바 된 저 비참한 죄인들은 하나님이 복음으로—즉 그분의 의로움과 진노로써 우리를 위협하는 복음으로—고통에 고통을 더하지 않는다고 하더라도 십계명의 율법과 온갖 종류의 재난에 의해 분쇄되고 있다는 것만으로는 충분하지 않은 듯!"이라고 말했다. 그래서 격렬하고 고통스러운 양심으로 화를 냈다. 그럼에도 불구하고 나는 바울의 그 말씀에 끈덕지게 매달렸고 아주 열렬히 성 바울이 원하는 것을 알고자 했다.

마침내 나는 하나님의 자비로 인해 밤낮으로 묵상하는 가운데 그 단어들이 나오는 문맥에 주의를 기울이게 되었다. "하나님의 의가 나타나서…기록된 바 오직 의인은 믿음으로 말미암아 살리라 함과 같으니라." 나는 하나님의 의는, 이 의로 인해 의인이 하나님의 선물, 즉 믿음으로 말미암아 살아가는 의라는 것을 이해하기 시작했다. 그리고 이것은 바로 다음과 같은 의미다. 하나님의 의는 복음에 계시된 바, ―즉 자비로우신 하나님이 믿음으로 말미암아 우리를 의롭다고 하시는 바―수동적인 의에 의해 드러나는데, 기록된 바 "오직 의인은 믿음으로 말미암아 살리라." 여기서 나는 나 자신이 완전히 새로 거듭나서 열린 문을 통해 낙원으로 들어갔음을 느꼈다. 거기에서 성경 전체의 전혀 다른 면모를 보았다. 그러면서 나는 성경을 기억 속에서 꿰뚫으면서 성경의 다른 용어들 속에서 유비(類比)를 발견했다.

하나님이 우리 속에서 하시는 것으로서의 하나님의 역사, 그분이 우리를 강하게 만드시는 것으로서의 하나님의 권능, 그분이 우리를 지혜롭게 하시는 것으로서의 하나님의 지혜, 하나님의 힘, 하나님의 구원, 하나님의 영광. 그리고 나는 '하나님의 의'라는 단어를 이전에 미워했던 것만큼이나 이제는 사랑함으로 나의 가장 달콤한 단어로 찬

양하게 되었다. 이렇게 해서 바울의 그 구절이 바로 내게 진정 낙원으로 들어가는 문이 되었다.

이 글을 읽으면, 루터가 1519년 이전까지는 하나님의 의를 '심판하는 의'로 해석했다가 이때 비로소 '구원하는 의'로 해석했다고 생각할 수 있다. 실제로 일부의 루터 연구가들은 바로 이 지점으로부터 루터가 진정한 의미에서 개신교인이 되었다고까지 주장한다.[1] 그러나 앞 장에서 고찰했던 것처럼, 루터가 우리 밖으로부터 주어지는 그리스도의 의를 믿음으로 구원을 얻는다는 진리를 깨달은 것은 확실하다. 그가 하나님의 의에 대해서도 어거스틴의 해석을 따라 하나님 앞에서 인정받는 의로 해석한 것도 의심할 바 없는 사실이다.

그런데 1519년 어느 순간에 루터는 로마서 1장 17절의 '하나님의 의'를 묵상하다가 하나님의 의가 심판이 아니라 은혜를 가져다준다는 사실을 개인적으로 생생히 체험하게 되었다. 몰랐던 진리를 그때 처음으로 깨달은 것이 아니라, 이미 깨달은 진리를 개인적으로 강렬하게 체험한 것이다. 그 전까지는 인간이 하나님의 의를 믿음으로 구원을 얻는다는 진리를 믿으면서도, 여전히 하나님의 의가 심판을 의미한다고 생각하는 전통에 사로잡혀 있어서 하나님의 심판을 믿음

---

1. 에른스트 비쳐(Ernst Bitzer)와 오스왈드 바이어(Oswald Bayer)가 대표적인 학자다.

으로 구원을 얻는다는 진리가 성립되지 않는 것 같아 내적으로 혼란을 겪었던 것 같다. 그런데 하나님의 의를 심판하는 의가 아니라 인간을 구원하는 의로 해석하게 되자 죄인이 하나님의 의(구원을 선물하는 의, 하나님 앞에 인정받는 의)를 믿음으로 구원을 얻는다는 말이 성립되어 내적 혼란이 극복되었다는 말이다. 그로 인해 이제는 하나님의 의를 믿음으로 구원을 얻는다는 구절을 읽을 때마다 한없이 기쁘고, 더욱더 큰 확신과 기쁨을 가지고 이 복음을 선포하게 되었다는 뜻이다.

이 개인적 체험을 통해 루터는 이신칭의 복음에 대해 흔들리지 않는 확신을 갖게 되었다. 그래서 이후에 로마 교황과 그를 지지하는 관변 신학자들과의 칭의 논쟁을 힘 있게 해나갈 수 있었고, 그런 투쟁을 통해 자신이 깨달은 칭의 교리를 더욱더 심화시켜 나갔다.

1519년부터 1520년까지 루터가 대학에서 했던 '갈라디아서 강의'와 '두 종류의 의'에 대한 설교, 그리고 그가 레오 10세에게 마지막으로 호소했던 『그리스도인의 자유』에 대한 논문을 살펴봄으로써, 우리는 루터가 자신의 칭의 이해를 어떻게 심화시키는지, 가톨릭교회 진영의 신학자들과 어떤 점에서 충돌하는지를 파악할 수 있다.

7.
칭의론의 발전

가톨릭교회와의 쟁투기에 쓰인 저작들(1519-1520년)에 나타난 칭의 이해

이 시기는 루터의 칭의론의 발전에서 매우 중요한 시기다. 우선 1519년에 루터 진영과 가톨릭 진영 사이에 '라이프치히 토론'이 벌어지는데, 처음에는 비텐베르크 대학을 대표하는 칼슈타트(Kalstadt)와 가톨릭 진영을 대표하는 에크(Eck)가, 그리고 나중에는 루터와 에크가 칭의 토론을 벌이게 된다. 루터는 자신의 칭의론이 어거스틴의 칭의론과 근본적으로 다르지 않다는 사실을 이미 1518년에 어거스틴 은자 수도원 종단회의에 참석하여 '하이델베르크 토론'을 통해 공표했다. 그는 이러한 자신의 입장을 1519년에 '두 종류의 의'에 대한 설교와 '갈라디아서 강의'를 통해 더 분명하게 알리고자 했으며, 1520년에 쓴 『그리스도인의 자유』라는 소논문에서 자신의 칭의론을 더욱 발전시켜 나가고 있다.

이 시기가 루터의 칭의론을 이해하는 데 중요한 이유는, 루터가 신앙과 행위의 관계 그리고 율법과 복음의 관계를 집중적으로 설명했기 때문이다. 루터는 당시 '오직 믿음으로'(sola fide)를 주장함으로써, 가톨릭교회로부터 인간의 행위를 폐지하는 소위 '율법 폐지론자'라는 비난을 받게 되었다. 그는 앞에서 언급한 설교와 저작들을 통해 그 비난을 반박하는데, 믿음은 행위를 폐지하는 것이 아니라 반드시 선행의 열매를 가져온다는 사실과 전가적 의가 실제적 의를 만들어낸다는 사실을 분명히 밝힌다. 이를 통해 그는 이전의 저작들로 인해 오해를 받을 수 있었던 부분을 보완하며 그의 칭의론을 좀 더 완성된 형태로 제시한다.

'두 종류의 의' 설교에 나타난 이신칭의론

루터는 이 설교에서 기독교인이 가져야 할 두 종류의 의(Duplex est iustitia Christianorum)를 소개한다.

그는 먼저 "낯설고 밖으로부터 주입된 의"(iustitia aliena et ab extra infusa)를 소개하면서, 이 의는 "그리스도의 의"라고도 칭해질 수 있는데 그리스도인은 이 그리스도의 의를 믿음으로 의로워진다고 말한다.[1] 그가 이 의를 그리스도의 의라고 명명하는 이유는 인간의 의(iustitia hominis), 행위 의(iustitia activa), 시민 의(iustitia civilis) 등과 구분 짓기 위함이다. 그는 두 가지 의가 우리의 교회생활과 시민생활을 유지하기 위해 필요하지만 그리스도의 의만이 우리를 의롭게 한다고 말한다. 그리스도의 의는 우리의 행위를 근거로 받는 것이 아니라 우리가 세례를 받을 때, 즉 참으로 회개할 때 주어진다.[2] 그리스도의 의는 그분에 대한 믿음을 통해 우리의 의가 되며 그분이 가진 모든 것이 우리의 것이 되고 그분 자신이 우리의 것이 된다.[3]

루터는 이 그리스도의 의를 바울이 로마서 1장 17절에서는 '하나님의 의'라고 부르며, 3장 28절에서는 그러한 '믿음'을 '하나님의 의'라고 부른다고 말하면서, 이 그리스도의 의는 제한이 없는 의(iustitia infinita)이고 모든 죄를 한순간에 삼키는 의이며, 그리스도를 믿고 그분에게 매달려 있는 자는 그리스도와 연합을 이루게 되어 그리스도와 같은 의를 갖는데 이는 그 안에 죄가 머무르는 것이 불가능하기 때문이라고 말한다.[4]

---

1. *Sermo de Duplici Justitia*, Studien Ausgabe Bd 1, 221.
2. StA, 221.
3. 같은 책, 222: "Igitur per fidem in Christum, fit iusticia Christi nostra iusticia."
4. 같은 책, 222.

의에 대한 이러한 이해는 그가 앞에서 언급한 로마서 강의에서 말했던 내용과 큰 차이가 없으나 여기에서는 그 의를 통한 신자와 그리스도의 연합을 강조하고 있다. 즉 우리가 그리스도를 믿으면 그분과 연합하게 되며 이 신비적 연합을 통해 그리스도의 의가 우리의 것이 되고 그분이 가진 모든 것이 우리의 것이 된다. 이 신랑과 신부의 "기쁨의 교환"(fröhliche Wechsel)이라는 내용은 같은 시기에 쓴 『그리스도인의 자유』(1520년)에서도 계속 언급되고 강조된다. 이런 맥락에서 그는 첫 번째 의와 두 번째 의의 관계를 설명한다.

루터는 첫 번째 의인 그리스도의 의가, 두 번째 의인 우리 자신의 모든 고유하고 실제적인 의(iustitia propria et actualis)의 근거(fundamentum)이고 원인(causa)이며 뿌리(origo)라는 점을 강조한다. 즉 첫 번째 의인 그리스도의 의를 통하지 않고서는 우리 자신의 의가 성립될 수 없다는 뜻이다. 이 첫 번째 의는 아담 안에서 잃어버린 원래의 의 대신에 주어진 의이고, 원래의 의가 수행했을 일과 똑같은 일을 수행하며, 오히려 그보다 더 많은 일을 수행한다고 말한다.[5]

그는 이 낯선 의는 우리의 행함 없이 오직 은혜를 통해(sine actibus nostris per solam gratiam) 우리 안에 주입된다(infusa nobis)고 말한다. 이 낯선 의는 원죄(peccatum originalis)와 상반되는 것으로서, 우리를

---

5. 같은 책, 222.

내적으로 하나님께 이끌면서 그리스도에게 인도한다. 이는 마치 원죄가 낯설게 우리의 행위 없이 오직 유전을 통해(per generationem) 우리에게 인지되고 옮겨지는 것(cognatum et contratum)처럼, 그리스도는 날마다 아담을 더욱더 쫓아내며 이를 통해 우리의 믿음과 그리스도에 대한 지식을 성장시킨다. 이 낯선 의는 전체가 동시에 주입되는 것이 아니라 한꺼번에 시작되어 진보하고 마침내 마지막에 죽음을 거쳐 완성된다.[6] 이 말은 우리가 믿는 순간 낯선 의가 '단번에' 우리에게 주입되지만 그 영향력과 효과는 조금씩 점진적으로 나타난다는 뜻이다.

루터는 두 번째 의를 우리 자신의 고유한 의라고 부른다. 그 이유는 우리 홀로 그것을 행하는 것이 아니라 첫 번째 의, 즉 낯선 의와 함께 행하기(cooperamur) 때문이다. 이것은 첫째로 육을 죽이고 자신과 관련된 욕망을 십자가에 못 박는 가운데 선한 행실을 하면서 유익하게 보내는 삶의 방식이고, 둘째로 이 의는 이웃을 사랑하는 데 있으며, 셋째로 하나님에 대해 유순하고 경외하는 데 있다고 말한다.[7]

루터는 이 의는 첫 번째 의의 산물이며(opus prioris iustitiae) 실제로 그것의 열매이자 결과(fructus atque sequela eiusdem)로 본다. 그는

---

6. 같은 책, 223.
7. 같은 책, 223.

이 의는 항상 옛 아담을 제거하고 죄의 몸을 멸하려고 노력하면서 첫 번째 의를 완성해 나가는 일을 계속한다고 말한다. 그러므로 이 의는 자신을 미워하고 이웃을 사랑하며 자신의 유익을 구하지 않고 다른 사람의 유익을 구한다. 그리고 그는 이것이 이 의의 전체 생활 방식이라고 말한다. 이 의는 자신을 미워하고 자신의 것을 구하지 않기 때문에 육을 십자가에 못 박으며, 다른 사람의 유익을 구하기 때문에 사랑을 행한다. 그래서 이 의는 모든 영역에서 하나님의 뜻을 행하여 자신에 대해서는 근신하고 이웃에 대해서는 의로우며 하나님에 대해서는 경건하게 살게 한다.[8] 그는 여기에서도 신랑과 신부의 결혼 비유를 통해 이 두 종류의 의를 설명한다. 그리스도와 신비적 연합을 통해 그리스도의 것이 우리의 것이 되고 우리는 그분의 것이 된다.[9]

루터는 이 설교를 통해, 그가 낯선 의에 대한 칭의를 주장하면서 인간이 행하는 실제적인 고유한 의를 부정한다는 비판자들의 비판을 반박한다. 또한 그리스도인은 낯선 의와 더불어 고유한 의를 가져야 하는데, 이 고유한 의는 낯선 의의 열매라고 정의한다. 그러므로 우리는 먼저 낯선 의를 가져야 하며, 이 의는 '오직 은혜로', '오직 믿음

---

8. 같은 책, 223.
9. 같은 책, 223-224.

으로'만 받을 수 있다고 본다. 그리고 이 의를 "그리스도의 의"라고 부르는데, 그것은 우리가 아니라 그리스도가 이 의를 믿는 자 안에 역사하게 하여 선한 열매를 맺도록 하기 때문이다.

   신학사를 살펴볼 때, 루터에게 쏟아졌던 비난 중 하나는 그가 실제적 의를 부정한다는 것인데, 루터는 이미 이 설교에서 법정적 의(forensic righteousness)뿐 아니라 실제적 의(effectiv righteousness)까지 주장하고 있다. 그는 우리가 행하는 실제적 의를 부정하는 것이 아니라, 그 실제적 의의 유래가 낯선 의인 그리스도의 의이고 우리가 아니라 그리스도가 이 의를 통해 우리 안에서 성화를 이루어 가신다는 것을 강조하고자 했다. 이러한 칭의 이해는 로마서 강의에서 말했던 칭의 이해를 한 단계 더 발전시킨 것이라고 볼 수 있다. 이러한 그의 칭의 이해는 같은 해에 비텐베르크 대학에서 했던 갈라디아서 강의에서도 잘 나타나고 있다.

갈라디아서 강의(1519년)에 나타난 칭의 이해

루터는 여러 사람들이 그의 칭의론을 비판하자, 1516년에 한 차례 강의했던 갈라디아서를 다시 강의하게 된다. 이 강의에서도 루터는 두 종류의 의를 소개한다. 특히 갈라디아서 2장 16절에 대한 해석에서 그의 칭의 이해가 가장 잘 드러난다.

그는 인간은 이중(二重)으로 의로워지는데 완전히 정반대의 방법으로 그렇게 된다고 말한다.[10] 먼저 첫 번째 의인 "행위 의"를 소개한다. 이 의는 밖으로 향하는 의이고, 행위에서 나오며, 자신의 고유한 능력에서 나오는 의(Primo ad extra, ab operibus, ex propriis viribus)다. 이런 의는 아리스토텔레스와 다른 철학자들이 주장하는데, 시민법이나 교회법 중 의식에 해당하는 부분과 모세의 십계명도 포함되며, 인간이 행함을 통해 의롭게 된 후에야 의롭다고 인정될 수 있다. 이 의를 가진 사람들은 형벌에 대한 두려움 혹은 보상에 대한 약속 때문에 하나님을 섬긴다. 루터는 이런 의를 "노예적인 의"(iustitia servilis)라고 부른다.[11] 그는 유명론자들 역시 이런 노예적인 의를 주장하는 사람들이라고 비판했는데, 이는 그들이 하나님은 자기 안에 있는 것을 행하는 자에게(faciendo quod in se est) 은혜를 거절하시지 않는다고 가르쳤기 때문이다.[12]

루터는 두 번째 의인 "내적 의"를 소개하는데, 이 의는 내적으로부터, 신앙으로부터, 은혜로부터 나오고, 인간이 자신의 행위 의에 대

---

10. *In epistolam Pauli ad Galatas commentarius*, 1519. WA 2, 489.
11. 같은 책, 489.
12. 같은 책, 490.

해 전적으로 절망하여 자신이 죄인임을 겸손히 공적으로 고백하는 사람이 가진 의다. 그는 여기에서 신앙이 어떻게 생기는지에 대해 말한다. 신앙은 행위의 반복을 통해 인간 안에 만들어진 습성(habitus)이 아니라, 주의 이름이 선포되는 그리스도의 말씀을 통해 생겨난다. 그는 여기에서도 인간이 의로워지는 방식을 언급하는데, 주님을 믿는 자들에게 죄가 용서되고 선하신 주의 이름 때문에 의가 전가되는 방식으로 이루어진다고 말한다.[13]

이어서 그는 이 낯선 의로 의로워진 사람이 고유한 의를 어떻게 만들어 내는지를 설명한다. 이러한 의를 만들어 내시는 분은 하나님이시다. 하나님은 믿음을 통해 죄인의 마음을 의롭게 만드신 후에 하나님의 자녀가 되는 권세를 주시고 성령을 보내시어 그들이 모든 선을 행하는 자들, 모든 죽음을 극복하는 자들, 심지어는 죽음과 지옥을 경멸하는 자들이 되게 하신다.[14] 여기서 루터는 성령의 사역을 말하는데 실제적 의가 만들어지는 원인이 우리가 아니라 성령님이심을 분명히 밝힌다.

그는 이런 의를 "자유로운 의"(iustitia liberalis)라고 부르며, 그리스도의 의와 그리스도인의 의는 서로 연결되어 있는데 그 이유는 그리

---

13. 같은 책, 490.
14. 같은 책, 490.

스도인의 의가 그리스도 안에 있기 때문이라고 말한다. 루터는 여기서도 낯선 의를 통해 의로워짐을 강조하는데, 모든 사람이 낯선 죄를 통해 죄인이 되는 것처럼 모든 사람이 낯선 의를 통해 의인이 된다고 말한다.[15]

이어서 루터는 십계명도 율법에 포함된다고 분명히 말하면서 이 율법이 어떻게 성취될 수 있는지를 논한다. 그는 사도는 지속적으로 행위를 통한(per opera) 율법의 성취를 부정하고 오직 믿음을 통한(per fidem) 성취를 주장하는데, 이는 율법의 성취가 의이기 때문에 이것은 행위에 속하지 않고 믿음에 속한다고 말한다. 또한 여기서도 어떻게 의인이 되는지에 대한 자신의 주장을 표명한다.

의로운 일들을 행하기 때문에 의인이 되는 것이 아니라, 의롭게 된 사람이 의로운 일들을 행하는 것이다[16](Non iusta faciendo iustus fit, sed factus iustus facit iusta).

먼저 의로운 인격(persona)이 되어야 하고, 그 인격으로부터 의로운 행위(opera)가 나와야 한다는 것이다. 앞의 로마서 강의에서 인용했

---

15. 같은 책, 491.
16. 같은 책, 492.

던 아리스토텔레스의 주장과 정반대의 주장이다. 루터는 행위 의를 주장하는 사람들은 아리스토텔레스의 철학을 따르는 사람들이지 바울의 신학(theologia Paulina)을 따르는 사람이 아니라고 말하면서, 우리의 의는 하늘로부터 우리를 바라보고 우리에게로 내려오는 의라고 분명히 말한다.[17]

여기서 우리는 루터가 이 땅에서 그리스도인의 상태를 어떻게 평가하는지를 주목해야 한다. 그는 신자의 "중간상태"(Interim: '이미'와 '아직' 사이)를 다음과 같이 규정한다.

> 그리스도를 믿는 모든 사람은 의롭다. 하지만 현실에서(in re)가 아니라 소망 안에서(in spe) 그렇다. 즉 그는 의롭게 되고 치료되기 시작했다.…하지만 그가 의롭게 되고 치료되는 동안, 육체 안에 남아 있는 죄가 그에게 전가되지 않는다. 그리스도로 인해 그렇다. 그리스도는 어떤 죄도 없으시며, 이미 그리스도인과 자신을 하나로 만들면서 하나님께 그리스도인을 위해 호소하시기 때문이다.[18]

이런 칭의의 방식은 그가 로마서 강의에서 말한 '죄인이면서 동시에

---

17. 같은 책, 493.
18. 같은 책, 495.

의인'이라는 진리를 보완하여 설명하는 방식이다. 루터는, 의인은 자신 안에서 아직 완전하지 않지만 하나님의 전가로 인해 그리고 우리의 화해자(propiciatorium nostrum)이신 그의 아들 예수 그리스도의 화해 사역 때문에 의인으로 여겨진다고 말한다. 여기서 그는 전가의 원인을 예수 그리스도의 속죄 사역에 대한 믿음에 돌림으로써 그리스도의 속죄 사역이 전가의 원인이라고 분명히 밝힌다. 즉 하나님은 그리스도의 속죄 사역 때문에 그리스도인을 의롭다고 여겨 주신다는 뜻이다.[19]

루터는 이어서 로마서 3장 31절을 근거로 그리스도인은 믿음을 통해서만 율법을 세울 수 있다고 강조한다. 율법을 통해 있었고 증가했던 죄는 믿음을 통해 파괴되고, 죄는 율법이 성취될 때에만 파괴되며, 믿음의 의를 통하지 않고서는 율법이 성취되지 않고, 믿음을 통해 율법이 세워지고 동시에 죄는 죽는다.[20] 그는 인간이 죄를 이기고 율법을 성취하기 위해서는 행위를 의지하지 말고 그리스도를 믿어야 한다는 사실을 강조하고 있다. 이를 통해 그가 율법의 폐지를 주장하는 것이 아니라 율법의 성취 방식을 논하고 있음을 분명히 알린다.

그리고 "의인이면서 동시에 죄인"(Simul iustus et peccator)이라는 모

---

19. 같은 책, 495.
20. 같은 책, 495-496.

순되어 보이는 이 명제가 어떻게 조화될 수 있는지 설명한다.

> 그러므로 그리스도인은 의인이면서 동시에 죄인이다.…믿음을 통해 의와 율법의 성취가 시작되었다. 여전히 죄가 남아 있고 율법의 성취가 남아 있을지라도 그들이 믿는 그리스도 때문에 의롭다고 여겨진다. 즉 신앙은 자신이 태어난 곳에서 죄의 잔재를 여러 가지 환난과 수고 그리고 육체의 죽음을 통해 육체로부터 내쫓는 일을 자신의 일로 여긴다.[21]

그는 로마서 강의에서 말했던 것처럼, 하나님께서 그리스도의 의를 전가하심으로써 의롭다고 선언한 의인을 십자가와 고난을 통해 실제로도 의롭게 만들어 가신다는 사실을 강조하고 있다. 그리스도를 믿음으로 의로워진 사람은 반드시 죄와 싸우게 되며 미래에는 육과 영 안에서 율법의 요구를 다 이룰 때까지 자기를 죽이고 죄를 십자가에 못 박는다고 분명히 말한다.[22]

우리는 앞에서 살펴보았던 두 종류의 의에 관한 설교와 갈라디아서 강의에서 루터가 오직 믿음을 통한 칭의, 전가적 의를 통한 칭의

---

21. 같은 책, 497.
22. 같은 책, 498.

를 주장함으로써 행위를 올바로 세우려고 했지 폐지시키려 하지 않았다는 점을 분명히 알 수 있다. 루터는 우리가 하나님을 기쁘시게 하는 행위를 어떻게 할 수 있는지를 논했지 결코 행위를 폐지시키려 하지 않았다. 그는 오직 그리스도의 의를 믿는 자만이 하나님의 율법을 기쁨으로 행하며 의의 열매를 맺을 수 있고, 이를 통해 은혜로 구원해 주신 하나님을 기쁘시게 할 수 있다고 주장한다.

『그리스도인의 자유』(1520년)에 나타난 칭의 이해[23]

『그리스도인의 자유』는 종교개혁의 삼대 문서로 일컬어지며, 루터의 저작 중에서도 백미로 일컬어진다. 그는 이 책에서도 이신칭의 교리를 발전시키고 있는데, 여기서는 '의'라는 단어보다는 신앙의 의미를 규명하는 데 집중한다. 특히 '행위가 아니라 신앙으로 의로워진다는 것이 무엇을 의미하는지' 좀 더 구체적으로 설명한다. 루터는 바울이 말하는 신앙이 어떤 신앙인지를 말하는데, 이는 스콜라 신학자들이 신앙이라는 단어를 바울적으로 사용하지 않는다는 사실을 전제하

---

23. *De liberate christiana/Von der Freiheit eines Christen Menschen*, Studien Ausgabe, Bd 2.

고 있다. 그는 한 인간 안에 두 인간이 있다고 규정하면서, 외적 인간과 그가 하는 행위 그리고 내적 인간과 그가 하는 행위를 나누어 차례로 설명한다.

이 책 『그리스도인의 자유』 첫 부분에서는 먼저 복음만이 그리스도인의 생명과 의와 자유를 위해 필수적이라는 사실을 강조한다. 그는 어떤 외적인 것이 그리스도인의 의와 자유를 만들어 내거나 불의와 예속을 만들어 내는 데 아무런 영향도 끼치지 못한다고 천명한다.[24] 또한 온갖 종류의 행위는 그만두고라도 정관(靜觀)과 명상을 비롯하여 영혼이 할 수 있는 모든 일조차 아무런 도움이 되지 못한다고 덧붙이는데, 이는 수도원의 관상적인 삶(vita contemplativa)을 비판하는 것이다.[25] 이런 맥락에서 이 책은 그의 칭의론의 핵심 진리를 전달하고 있다.

---

24. 같은 책, 266.
25. 스콜라 신학자들은 신자의 삶을 세 가지로 규정한다. 첫째는 적극적 삶(vita activa)으로서 공적 추구의 삶이고, 둘째는 고난을 받는 삶(vita passiva)으로서 그리스도를 위해 고난을 받는 삶이고, 셋째는 명상적인 삶(vita contemplativa)으로서 수도원 같은 곳에서 조용히 책을 읽고 연구하며 명상하는 삶이다. 스콜라 신학자들은 그중 세 번째 종류의 삶을 가장 높이 평가했다. 가톨릭교회의 지도자들과 현직 사제들은 첫 번째 종류의 삶을 높이 평가했고, 루터를 비롯한 종교 개혁자들은 두 번째 종류의 삶을 높이 평가했다.

1. 오직 복음의 말씀(solo verbo)을 통해서만

루터는 인간은 오직 복음의 말씀을 통해서만 의롭게 된다고 말한다.

> 한 가지, 오직 한 가지만이 그리스도인의 생명과 자유를 위해 필수적이다. 그 한 가지란 바로 그리스도의 복음인 하나님의 가장 거룩한 말씀이다.…영혼은 오직 이 복음의 말씀만으로 충분하다.[26]

이어서 그는 하나님의 말씀이라고 하는 것이 너무 많은데, 과연 무엇이 하나님의 말씀이며 그것을 어떻게 사용할 것인지에 대한 질문에 대답한다. 그는 바울 사도가 로마서 1장에서 설명하듯이 "하나님의 말씀이란 육신이 되어 고난을 받으시고 죽음에서 부활하셨으며 거룩하게 하시는 성령을 통해 영광을 받으신 그분의 아들에 관한 하나님의 복음이다"고 분명히 말한다. 이는 예수님의 생애 전체가 복음이라는 뜻이다. 그리고 그는 이 복음은 설교를 통해 전해지며 이 말씀을 믿는 자에게 의를 가져다준다고 말한다.[27]

---

26. 같은 책, 266.
27. 같은 책, 268.

2. 오직 믿음(sola fide)을 통해서만

이러한 맥락에서 루터는 이 복음이 오직 믿음(sola fide)을 통해서만 효력을 발휘한다는 사실, 즉 인간이 의롭게 되기 위해서는 복음을 전하는 것만으로는 충분하지 않으며 반드시 믿음으로 복음을 받아들여야 그 복음이 우리 안에서 효력을 발휘한다는 사실을 강조한다.

그는 로마서 1장 17절, 10장 4절과 9절에 근거하여, "신앙만이 하나님의 말씀이 효력을 나타나게 하며, 구원을 위해 사용되게 하는 도구다"(Fides enim sola est salutaris et efficax usus verbi dei)라고 주장한다. 또한 "하나님의 말씀(verbum dei)은 어떤 행위에 의해서가 아니라 오직 믿음(sola fide)에 의해서만 받을 수 있고 품을 수 있다"고 말한다. 그러므로 영혼이 그 생명과 의를 위해 오직 하나님의 말씀만을 (solo verbo) 필요로 하는 것과 마찬가지로, 의롭게 되는 것도 행위로가 아니라 오직 믿음으로(sola fide) 되는 것이 분명하다. 왜냐하면 만약 다른 어떤 것으로 의롭게 될 수 있다면, 말씀이 필요하지 않을 것이고 따라서 믿음도 필요하지 않을 것이기 때문이다.[28]

그는 인간이 신앙을 통해서만 의롭게 되어야 할 이유를 계속하여 설명한다. "이 신앙은 오직 속사람 안에서만 지배할 수 있고 또한 신앙만이 우리를 의롭게 하기 때문에, 속사람은 결코 어떤 외적인 행위

---

28. 같은 책, 268.

나 활동으로 의롭게 되거나 자유롭게 되거나 구원을 받을 수 없다. 또한 그 성격이 어떠하든지 이러한 행위들은 속사람과는 아무런 관계가 없는 것이 분명하다."[29] 그는 행위는 우리의 구원과 자유에 아무 상관이 없다고 분명히 말한다. 우리를 죄악 되게 하고 죄의 저주를 받을 종이 되게 만드는 것은 외적인 행위가 아니라 오직 마음의 불경건과 불신이므로, 행위에 대한 모든 신뢰를 버리고 더욱더 믿음만 굳세게 붙잡아야 하며, 또한 믿음을 통해 행위에 대한 지식이 아니라 그리스도 예수에 대한 지식 가운데서 자라 가야 한다고 말한다.[30] 그는 그리스도에 대한 참된 신앙은 죄인에게 완전한 구원을 가져다주며 인간을 모든 악에서 구원하는 비할 데 없는 보화라고 칭송한다. 여기서도 그는 행위 없이 신앙만이 우리를 의롭게 하고 자유롭게 하며 구원을 얻게 한다는 진리를 천명한다.[31]

루터는 우리가 말씀을 믿음으로 구원을 받는다고 말할 때, 이것에 대해 사람들이 던질 수 있는 질문에 대답해 준다. 사람들은 "성경에 수많은 말씀이 있는데 과연 우리는 어떤 말씀을 믿음으로 의로워질 수 있는가?"라고 질문하는데, 그의 대답은 "오직 약속의 말씀만 믿음

---

29. 같은 책, 268.
30. 같은 책, 268.
31. 같은 책, 270.

으로 의로워질 수 있다"는 것이다. 그는 성경 전체는 계명(praecepta)과 약속(promissa)이라는 두 부분으로 이루어져 있는데, 계명은 우리의 죄를 지적하고 폭로하지만, 약속은 우리에게 의의 길, 구원의 길을 알려 준다고 말한다.

그에 의하면, 우리가 의로워지기 위해서는 이 약속, 즉 그리스도를 믿어야 한다. 하나님은 그리스도를 믿는 자에게 그 안에서 우리에게 약속된 은혜, 의, 평화, 자유 등을 주기로 약속하셨으므로, 우리가 그리스도를 믿는다면 이 모든 것을 가질 것이지만, 그리스도를 믿지 않는다면 아무것도 갖지 못할 것이라고 말하며 루터는 약속에 대한 믿음을 강조한다. 그러면 하나님의 약속은 무엇인가? 하나님의 약속은 거룩하고 참되며 의롭고 자유로우며 화평하고 선이 가득한 말씀이다. 그러므로 우리 영혼이 확고한 신앙으로(firma fide) 이 말씀을 붙여잡으면 영혼은 이 말씀과 아주 밀접하게 결합되고 이 말씀에 완전히 동화되기 때문에 이 말씀의 모든 능력에 동참할 뿐만 아니라 그 말씀에 도취될 것이다.[32]

루터는 이런 방식을 통해서만 하나님의 모든 선물을 받게 된다고 분명히 말한다. 영혼은 "오직 신앙을 통해서만"(per fidem solam) "행위 없이"(sine operibus) "하나님의 말씀으로부터"(e verbo dei) 의롭게,

---

32. 같은 책, 272.

거룩하게, 진실하게, 평화롭게, 자유롭게 되고 모든 선으로 가득 채워지고 하나님의 자녀가 되는 권세를 얻게 된다.[33] 루터는 앞의 설명을 통해 개신교 칭의의 근본 원칙인 "오직 그리스도만이(solus Christus), 오직 믿음으로(sola fide), 오직 말씀으로(solo verbo)"의 원칙을 천명하고 있다.

3. 신앙은 율법을 폐지시키는 것이 아니라 성취시킨다

여기서 우리가 주목할 점은, 루터는 바울이 말하는 신앙을 스콜라 신학자들이 말하는 신앙과 분명히 다르게 파악하고 있다는 것이다. 루터는 바울이 말하는 신앙은 율법을 폐지시키는 것이 아니라 도리어 율법을 성취하게 만든다는 사실을 강조하며, 이런 맥락에서 신앙이 가져다주는 유익을 말한다.

그는 첫째로 신앙만이 우리가 하나님이 기뻐하시는 예배를 드리게 만든다고 말한다. 선행을 통해서 우리가 이런 예배를 드릴 수 없는 이유는, 어떠한 선행도 하나님의 말씀에 의지하거나 영혼 안에 거할 수 없으며, 신앙과 하나님의 말씀만이 영혼 속에서 다스리기 때문이다. 그는 우리 영혼이 하나님의 말씀을 굳건히 신뢰할 때 하나님이 가장 기뻐하시는 예배를 드릴 수 있다고 말한다. "이와 같이 영혼이

---

33. 같은 책, 272.

하나님의 약속을 굳게 신뢰할 때 영혼은 하나님을 참되고 의롭다고 여긴다. 하나님께 드리는 가장 고귀한 예배는, 우리가 진실함과 의로움과 그리고 신뢰하는 사람에게 돌리는 모든 것을 하나님께 돌리는 바로 그것이다."[34]

그는 둘째로 순종 역시 행위로 되는 것이 아니라 신앙으로 된다는 점을 분명히 한다.[35] 인간의 본성은 하나님의 법을 즐거워할 수 없으므로, 비록 행위를 통해 순종하는 흉내는 내지만 즐겁게 자원함으로 순종하지 않는다. 하지만 신앙은 하나님을 사랑하므로 하나님의 법을 즐거워하며 기꺼이 자원하여 행한다.

그는 신앙이 가져다주는 세 번째 유익을 신랑과 신부의 선물 교환의 비유를 통해 설명한다. "비길 데 없이 큰 신앙의 세 번째 유익은 신부가 그의 신랑과 하나 되게 하는 것과 같이 영혼과 그리스도를 하나 되게 한다는 것이다.…이와 같이 영혼은 그의 신앙을 담보로 하여 그의 신랑인 그리스도 안에서 자유하게 되고, 모든 죄에서 해방되며, 죽음과 지옥에 대해 안전하게 되고, 그의 신랑인 그리스도의 영원한 의와 생명과 구원을 수여받는다."[36]

---

34. 같은 책, 273.
35. 같은 책, 274.
36. 같은 책, 274-276.

이어서 그는 행위 없이 신앙만으로 의로워지고 제1계명을 성취할 수 있다는 점을 명확하게 말한다.

> 신앙만이 율법을 성취할 수 있고 행위 없이 의롭게 한다. 우리는 첫 번째 계명이 오직 신앙에 의해 이루어지는 것을 알게 된다.[37] 또한 우리는 "행하면서(operando)가 아니라 믿으면서(credendo) 하나님을 영화롭게 하고 참되시다고 고백한다. 오직 믿음만이 그리스도인의 의이고 모든 계명의 성취다."[38]

그는 믿는 자에게는 반드시 행위가 따른다는 사실을 거듭하여 강조한다.

> 믿는 자의 행위도 이와 같다. 자신의 믿음으로 말미암아 그는 낙원으로 회복되어 새로 지으심을 받았으므로, 의롭게 되거나 의롭기 위해 어떤 행위가 필요하지 않다. 그러나 게으르지 않고, 자신의 몸에 필요한 것을 공급하고 보존하며, 오직 하나님을 기쁘시게 하기 위해서 자

---

37. 같은 책, 276-278.
38. 같은 책, 278.

유롭게 이러한 행위를 해야 한다.[39]

이와 같은 맥락에서 그는 그리스도인 윤리의 핵심이 될 수 있는 말을 한다.

> 선행이 선한 사람을 만드는 것이 아니라, 선한 사람이 선행을 하는 것이다. 악행이 악한 사람을 만드는 것이 아니라, 악한 사람이 악행을 하는 것이다.[40](Bona opera non faciunt bonum virum, sed bonus vir facit bona opera).

그는 행위가 인간을 의롭게 만들지 못하고 인간은 선행을 하기 전에 먼저 의로워져야 하기 때문에 오직 믿음이 있어야 한다는 사실이 분명하다고 말한다. 그런데 이 믿음은 "하나님의 단순한 자비로부터"(ex mera dei misericordia), "그리스도를 통해서"(per Christum), "그의 말씀 안에서"(in verbo eius) 우리에게 주어진다고 말한다. 이 신앙이 인간을 가치 있고 충분히 의롭게 하며 구원한다. 그리스도인은 믿음을 통해 모든 율법에서 자유롭고, 모든 것을 순수한 자유로부터 자유롭게

---

39. 같은 책, 288.
40. 같은 책, 288.

행하는 까닭에 구원을 받기 위해 어떤 행위나 율법이 필요하지 않다. 그는 이미 모든 것이 풍족하고, 또한 하나님의 은혜로 말미암아 구원을 받았기 때문에 이제는 신앙 가운데서 오직 하나님을 기쁘시게 하려고 할 뿐 어떤 이득이나 구원을 얻으려고 하지 않는다.[41]

그러나 루터는 인간이 이런 복음에 대한 믿음을 갖기 위해서는 하나님 말씀의 두 부분, 즉 복음의 말씀과 율법의 말씀에 대한 설교를 들어야 한다는 사실을 강조한다. "우리는 이러한 하나님의 말씀 가운데서 오직 한 부분만 설교할 것이 아니라 두 부분을 다 설교해야 한다. 우리는 우리의 보화 중에서 새 것과 낡은 것, 율법의 음성과 은혜의 말씀을 내와야 한다.…회개는 하나님의 율법에서 나오나, 믿음과 은혜는 하나님의 약속에서 나온다(Poenitentia enim ex lege dei, sed fides seu gratia ex promissione dei provenit).…따라서 사람은 하나님의 율법의 위협과 그에 대한 두려움으로 인해 낮아지고 자신을 알게 된 후에 하나님의 약속에 대한 믿음으로 위안을 받고 높임을 받는다."[42]

그는 당시 로마 가톨릭교회가 사랑을 통한 구원의 근거 구절로 내세우는 갈라디아서 5장 6절을 그들과 다르게 해석하여 사랑의 행위

---

41. 같은 책, 290.
42. 같은 책, 294.

도 참된 믿음으로부터 나온다는 사실을 강조한다.

보라, 이것이 참된 그리스도인의 삶이다. 믿음은 사랑을 통해 참으로 활동하게 된다(hic vere fides efficax est per dilectionem). 대가를 바라지 않고 기꺼이 섬기는 가장 자유로운 행위, 즐거움과 사랑으로 하는 행위로 표현된다. 그리스도인은 신앙의 충만함과 부요함으로 만족한다.[43]

그는 오직 신앙으로부터 주님 안에서의 사랑과 기쁨이 흘러나오며, 사랑 안에서 이웃을 기꺼이 섬기고, 감사나 배은망덕, 칭찬이나 비난, 이득이나 손실을 고려하지 않는 기쁘고 자발적이며 자유로운 생각이 흘러나온다고 말한다.[44] 결론 부분에서 그는 신앙이 행위를 결코 폐지시키지 않는다는 사실을 다시 한 번 강조한다.

그리스도에 대한 우리의 신앙은, 행위로부터 우리를 해방시키는 것이 아니라 선행에 대한 그릇된 견해, 곧 행위로 칭의를 얻는다는 어리석은 가정에서 해방시키는 것이다. 신앙은 우리의 양심을 구속하고 올

---

43. 같은 책, 296.
44. 같은 책, 298.

바르게 하며 보존함으로써 우리의 행위가 없을 수도 없고 행위가 없어서도 안되지만 의가 행위에 달려 있지 않다는 것을 알게 한다.[45]

이 부분에서 나는 의도적으로 직접 인용을 많이 했다. 그 이유는 루터가 "오직 믿음으로"(sola fide)를 주장함으로써 행위를 세우려고 했지 결코 폐하려고 하지 않았다는 사실을, 직접 인용을 통해서만 독자들에게 명확하게 제시할 수 있다고 생각했기 때문이다. 또한 루터의 칭의론 연구가들이 이런 사실을 알고 루터의 칭의론을 평가해야 한다고 생각했기 때문이다.

우리가 이 부분에서 생각해 볼 점은, 루터가 『그리스도인의 자유』에서는 이전의 저작들에서 사용한 용어들과 좀 다르게 표현하고 있다는 것이다. '그리스도에 대한 신앙'을 '복음(약속)의 말씀에 대한 신앙'이라는 용어로 바꾸어 쓰고 있다. 그는 바울이 말하는 신앙은 복음의 말씀에 대한 신앙이라고 해석한다. 신앙은 말씀을 통해서 태어난다. 그리고 신부가 신랑에게 의존하듯이 신앙은 말씀에 의존한다. 말씀 없이는 신앙이 불가능하다. 영혼은 말씀에 대한 신앙으로 살아간다. 이것은 신앙에 대해 진일보한 내용이다. 우리는 루터가 칭의론을

---

45. 같은 책, 306.

그의 생애 동안 계속 발전시키고 있음을 잊지 말아야 한다.

그러면 말씀은 무엇인가? 먼저 율법의 말씀이 있다. 이 율법의 말씀은 우리의 죄를 지적하고 폭로하는 역할을 할 뿐이지 결코 우리를 의롭게 만들 수 없다. 우리를 의롭게 하는 말씀은 복음인데, 이는 구체적으로 그리스도이시다. 그러므로 루터가 말하는 신앙은 그리스도에 대한 신앙이다. 사람이 의로워지는 것은 그리스도에 대한 신앙만으로 충분하다. 인간의 행위는 의로워지는 것과 아무런 관계가 없다. 신자들의 신랑은 그리스도이시다. 신자들은 그리스도와 기쁨의 교환(Fröliche Wechsel)을 통해서, 즉 그리스도가 우리의 죄를 담당하시고 우리에게 그분의 의를 나누어 주심을 통해서 의롭게 된다. 그리스도의 의에 대한 신앙 없이는 우리는 어떤 방법으로도 의로워질 수 없다.

루터는 신앙의 대상이 오직 그리스도이시다(Solus Christus)는 사실도 분명하게 말한다. 그리스도는 약속의 말씀을 통해 전파된다. 인간은 오직 복음의 말씀을(solo verbo) 오직 믿음으로(sola fdie) 의롭게 된다. 우리를 의롭게 만드는 믿음은 쉬지 않고 일한다. 신앙은 행위를 폐지시키지 않고 오히려 굳게 세운다. 신앙은 사랑을 통해 역사한다. 그리스도의 의를 믿음으로 의롭게 된 사람은 하나님을 사랑하고 이웃을 사랑하여 자발적으로 섬긴다. 하나님에 대한 참다운 신앙은 반드시 이웃에 대한 참사랑을 만들어 낸다. 하나님을 믿는 사람은 이웃을 섬기게 된다.

　루터는 이 책 『그리스도인의 자유』를 통해 자신이 말하는 신앙은 바울이 말하는 신앙이며, 아리스토텔레스 식으로 말하는 스콜라 신학자들의 신앙 개념과 완전히 다름을 알리려고 애쓴다. 스콜라 신학자들은 신앙은 사랑에 비하면 아무것도 아니고, 신앙만으로는 아무것도 할 수 없으며, 사랑만이 우리가 구원을 받도록 하는 모든 일을 하게 하고 구원에 합당한 공적을 행하게 한다고 말했다. 그러나 루터는 이 책에서 사랑이 아니라 오직 믿음이 우리의 구원을 이루는 합당한 공적이 될 수 있음을 천명한다. 또한 사랑도 이 믿음에서 나와야 참사랑이고, 참된 믿음에는 이런 참사랑이 동반됨을 강변한다.

8.
칭의론의 정수(精髓)
대 갈라디아서 강의(1531/1535년)에 나타난 칭의 이해

'대 갈라디아서 강의'[1]라고 불리는 이 강의를 루터가 시작한 시기는 1531년인데, 그의 신학 연구가 절정에 달했을 때다. 그의 동료였던 멜란히톤(Melanchthon)이 1530년에 작성한 개신교 최초의 신앙고백서 『아우구스부르크 신앙고백서』(Confessio Augustana)가 작성된 직후였다. 멜란히톤이 이 고백서에서 루터의 칭의론을 흡족할 정도로 서술

---

1. 루터가 1531년에 강의하고 1535년에 출간함. In epistolam S. Pauli ad Galatas Commentarius[1531/1535]라는 제목으로 WA. 40에 수록되어 있다.

하지 못한 것에 대해 루터는 아쉬움을 갖고 있었다.[2] 그래서 루터는 신앙고백서 작성 기간 동안에 잠시 머무르며 개신교 진영을 코치했던 코부르크(Coburg)에서 돌아온 직후에 곧바로 갈라디아서 강의를 시작했다. 그는 이 강의를 통해 자신의 칭의 이해를 좀 더 깊이 있게 전달했다.

독자들은 루터가 자신의 신학 활동의 절정기에 했던 이 강의를 통해 그의 칭의론의 정수를 맛볼 수 있다. 이 강의에서 루터가 지금까지 말했던 칭의론과 전혀 다른 내용을 말했다고는 볼 수 없지만, 그가 지금까지 말했던 칭의론을 다시 한 번 요약하고 그 내용을 심화시키고 있다. 또한 스콜라 신학자들이 만들어 낸 그릇된 칭의 이론을 좀 더 구체적으로 비판하며, 인간은 왜 믿음으로만 의롭게 되며 사랑으로는 의롭게 될 수 없는지를 명확히 밝히려고 애쓰고 있다.[3]

우리는 루터가 이 강의의 서론 부분과 갈라디아서 2장 16절과 5장 6절 석의에서 칭의 이해를 함축적으로 전달하고 있기에 이 부분을 집중적으로 살펴보려고 한다.

---

2. 멜란히톤이 『아우구스부르크 신앙고백서』를 미흡하게 작성해서 루터뿐 아니라 여러 개신교 학자들에게 비판을 받고, 『아우구스부르크 신앙고백서 변증』(Apologie der Confessio Augustana)이라는 해설서를 통해 칭의론을 대대적으로 보완했음은 이미 알려진 사실이다.
3. 김용주, 『루터』, 262-274.

갈라디아서 강의 서문에 나타난 칭의 이해

루터는 갈라디아서 서문에서 이 책의 중요한 특징들을 말하는데, 특히 칭의 조항과 관련해서 몇 가지 중요한 점들을 알려 주고 있다. 그런데 이 서문은 이미 앞에서 루터 칭의론의 일반적인 특징을 살펴볼 때 일부 인용한 부분이므로 중복을 피하기 위해 여기에서는 루터가 칭의론과 관련해서 강조했던 점들을 간단히 요약하고 넘어가고자 한다.

첫째, 루터는 이 강의에서 '그리스도에 대한 신앙'을 자신의 신학의 중심으로 삼고 있음을 천명한다. 그는 자신의 마음속에는 이 한 조항이, 즉 그리스도에 대한 신앙(fides Christi)이 지배하고 있으며, 이 그리스도에 대한 신앙으로부터, 신앙을 통해 그리고 신앙 안에서 자신의 모든 신학 사상이 밤낮으로 흘러 나가고 흘러들어 온다고 말할 정도로 이 조항을 그의 신학의 중심축으로 삼고 있다.[4]

둘째, 루터는 신앙의 의를 가르치는 것이 바울의 기본 사상이고, 죄인은 신앙의 의를 통해서만 구원을 받을 수 있음을 명확히 한다. 인간은 행위를 통해서가 아니라 낯선 도움을 통해서(per alienum auxilium), 즉 독생자이신 예수 그리스도를 통해 의로워지고 죄와 죽

---

4. WA 40 I, *Ad Galater*. 33.

음과 마귀로부터 해방되고 영생을 선물로 받을 수 있다. 하지만 사탄이 이 올바른 칭의의 방법을 이미 에덴동산에서부터 공격하여 어둡게 만들었기 때문에, 세상은 그리스도의 낯선 도움 없이(sine alieno auxilio Christi), 자신의 고유의 행위를 통해(suo proprie opere) 악과 죄로부터 해방되려는 어리석은 시도를 하고 있다. 루터는 인간들로 하여금 하나님의 은혜를 통해서가 아니라 자신의 의를 통해서 하나님을 기쁘시게 하려는 것은 사탄과 세상의 고단수의 꾀로 본다.[5]

셋째, 루터는 이 책에서 칭의 교리를 목양적 차원과 연결시켜 가르친다. 특히 그는 시험당하는 성도가 이 칭의 교리를 통해 위로를 받을 수 있다는 점을 강조하고 있다. 시험당하는 성도는 자신이 행한 의, 즉 능동적 의를 통해서가 아니라, 기독교적인 의인 신앙의 의, 그리스도의 의, 수동적 의(iustitia passiva)를 통해서만 위로를 받을 수 있다. 하지만 그는 이런 의는 비밀 속에 감추어져 있어서 세상은 그것을 이해하지 못하며, 심지어 그리스도인들조차도 이런 의를 충분히 붙잡지 못하고, 특히 이런 의를 시험 속에서 붙잡지 못하고 있다는 점을 개탄한다. 우리 신자들은 시험과 공포 속에서 이런 의를 유

---

[5]. 같은 책, 40-41: 루터가 올바른 칭의 교리를 박해한다고 보았던 그룹은 교황주의자들, 수도사들, 재세례파들이다. 그는 재세례파 사람들과 교황주의자들의 공통점이 있는데, 둘 다 하나님의 일이 인간의 존엄한 행위에 의존하고 있다고 보는 점이라고 말한다.

지하고 붙잡지 못한다면 설 수 없으며, 이 수동의 의보다 양심을 더 견고하고 더 확실하게 위로할 수 있는 의는 없으므로, 시험을 당할 때 모든 능동의 의를 던져 버리고 그리스도의 의와 성령의 의를 붙잡아야 시험을 극복할 수 있다. 하지만 그는 이런 의는 우리가 스스로 만드는 것이 아니라 하나님 아버지로부터 선물로 받는 것이라는 점도 분명히 말한다.[6]

넷째, 루터는 가르치는 자들이 이 의를 목회 현장에서 부지런히 공부하고 가르쳐야 할 것을 권고한다. "그러므로 우리는 정말로 항상 신앙에 관한, 기독교적인 의에 관한 이 조항을 반복하고 강조하고 각인시켜 지속적인 연습을 통해 유지되도록 하자. 그리고 율법의 능동의 의와 정확히 구분되도록 하자."[7] 루터는 이 조항으로부터 그리고 이 교리 안에서만 교회가 만들어지고 존속하므로 이 조항을 가르치지 않으면 참된 신학(vera theologia)이 존속할 수 없으며, 이 교리를 잃어버리게 되면 즉시 그리스도가 희미하게 되어 어느 누구도 교회 안에서 올바로 가르침을 받거나 교육받지 못한다고 강변한다.[8]

다섯째, 그는 "의인이면서 동시에 죄인"(Simul iustus et peccator)으

---

6. 같은 책, 41-43.
7. 같은 책, 50.
8. 같은 책, 50.

로 살아가는 신자가 세상에서 승리하는 삶을 살 수 있는 비결 역시 칭의론을 올바로 배우는 데 있다고 말한다. 의인이 이 땅에서 사는 동안 그의 육체는 정죄를 받고 괴롭힘을 당하고 슬픔을 당하며 율법의 능동의 의를 통해 멸시를 당하지만, 그의 영은 지배하며 수동의 의를 통해 기뻐하고 구원을 받는 모순적 삶을 살게 된다. 의인의 영은 하나님 우편 보좌에 주가 계시다는 것을 알기 때문에, 그분이 율법과 죄와 죽음을 폐지시키시고 모든 악을 짓밟으시고 사로잡아 이끄셨고, 자신 안에서 그들에 대해 승리하셨다는 것을 알기 때문에 승리하는 삶을 산다. 그러므로 루터는 바울이 이 편지에서 이 의를 온전히 가르치고 강화시키며 이런 가장 영광스러운 기독교적 의를 완전하게 알리는 데 전력을 다한다고 보며, 이런 맥락에서 "만일 칭의 조항을 잃는다면, 동시에 기독교의 전 교리를 잃게 된다"[9]고 말하면서까지 이 교리의 중요성을 강조한다.

우리는 루터가 이 책에서 칭의와 관련해서 가르치는 이 다섯 가지 강조점을 숙지하고 연구해야 할 것이다. 특히 루터가 칭의 조항을 목양과 관련해서 가르치고 있다는 점은 그의 칭의론의 가장 독특한 점이므로, 오늘날 칭의 연구자들은 이 점을 반드시 염두에 두고 연구해야 그의 칭의론의 정수를 맛볼 수 있을 것이다. 안타깝게도 개신

---

9. 같은 책, 48.

교 정통주의 루터 연구가들이 이 점을 부각시키지 못해 왔는데, 최근 들어 에벨링이 이 부분에 획기적인 기여를 하는 책을 발표해서 이런 방향에서의 연구를 촉진시키고 있다.[10]

이제 이 갈라디아서 강의에서 루터가 칭의에 대해 핵심적으로 가르친 두 구절, 즉 갈라디아서 2장 16절과 5장 6절을 살펴볼 것이다. 우리는 이 구절들을 통해 그의 칭의론의 정수를 보게 될 것이다. 루터는 "인간은 믿음만으로는 구원을 받을 수 없고 사랑의 행위를 덧붙여야만 구원을 얻을 수 있다"고 가르쳤던 스콜라 신학자들의 의견을 조목조목 반박하고, "인간은 사랑의 덧붙이는 행위 없이 오직 그리스도를 믿음으로만 구원을 받을 수 있다"는 자신의 주장을 확실하게 전달하고 있다.

갈라디아서 2장 16절에 대한 주석에 나타난 칭의 이해

루터는 갈라디아서 2장 16절에 대한 주석에서 그의 칭의 이해를 가장 상세히 요약하여 전달하고 있다. 이 구절은 앞에서 살펴본 1519년

---

10. 에벨링(Gerhard Ebeling)의 책은 이 분야의 지침서가 될 만한 연구서다. *Seelsorge*. Mohr, Tübingen 1997.

갈라디아서 강의에서도 다루었던 부분이다. 이 구절을 다시 한 번 살펴봄으로써 그의 칭의 이해가 얼마만큼 발전했는지 파악할 수 있을 것이다. 이 구절의 해석을 보면 그의 칭의론의 강조점이 무엇인지 분명히 알 수 있다. 그 이유는 그가 다른 어떤 곳보다 여기에서 자신이 주장하는 칭의론이 스콜라 신학자들이 주장하는 칭의론과 어떤 점에서 다른지를 매우 구체적으로 밝히기 때문이다.

1. 루터는 스콜라 신학자들이 율법을 잘못 이해하고 있다고 지적한다

당시 스콜라 신학자들이 율법 행위 속에 십계명을 포함시키지 않는 반면, 루터는 율법 행위에 대해 그들과 분명히 다른 입장을 표명한다. 그는 은혜와 반대되는 것은 다 율법 행위이며, 법이든 의식법이든 십계명이든지 간에 은혜가 아닌 것은 곧 율법이라고 말한다.[11] 또한 율법과 은혜를 대조적으로 이해하며, 율법의 의와 신앙의 의가 대조된다는 점도 강조한다. 그는 여기에서 하나님은 율법의 의와는 다른 신앙의 의를 전가하심으로 죄인을 의롭게 하신다는 사실을 또다시 강조한다.

하나님은 신앙의 의를 선물의 방식으로, 자비를 통하여, 그리스도 때

---

11. *Ad Galater*, 218.

문에 전가하신다.[12]

루터는 율법 행위에 대한 해석도 스콜라 신학자들과는 다르게 해석한다. 바울이 율법 행위에 대해 말할 때, 율법을 범하는 죄나 혹은 육체의 행위에 대해 말하는 것이 아니라 율법에 의해 행해진 행위를 말한다고 본다.[13] 이 점에서 그는 스콜라 신학자들의 여러 가지 입장을 소개하면서 어떤 방법을 통해서든지 간에 행위를 통해서는 의롭게 될 수 없음을 분명히 밝힌다.

그러므로 살인하지 말라, 간음하지 말라 등. 그것이 자연에 의해서든, 혹은 인간의 능력에 의해서든, 자유의지에서든, 혹은 하나님이 선물로 주시는 은총에 의해서든, 신적 능력에 의해서든 간에 행위는 그럼에도 불구하고 의롭게 할 수 없다.[14]

그는 율법 행위가 칭의 사건 자체와는 전혀 관계가 없음을 다음의 문장에서 가장 확실하게 표현한다.

---

12. 같은 책, 218: "Iustitiam vero fidei imputat Deus gratis per misericordiam propter Christum."
13. 같은 책, 219.
14. 같은 책, 219.

8. 칭의론의 정수

율법 행위들은 칭의 이전에 혹은 칭의 이후에 일어날 수 있다[15](Possunt autem opera legis fieri aut *ante iustificationem aut post* iustificationem).

그는 이 문장에서 죄인의 칭의 사건 자체는 인간의 행위와는 별개의 문제임을 아주 분명하게 말한다. 앞에서도 자주 언급했지만, 이 말은 곧 행위가 필요 없다는 뜻이 아니다. 행위는 다른 용도로, 즉 칭의의 열매와 증거로써 반드시 행해야 한다는 그의 기본 입장은 변함없다.

2. 루터는 스콜라 신학자들의 공적 구원의 기초가 되는 개념을 비판한다

루터는 스콜라 신학자들이 성례전에서 자주 사용하는 '행해진 행위 자체'(opere operatum)를 통해 은혜가 주입된다는 가르침을 비판한다. 이런 행위 자체에 은혜의 공적과 죄의 용서를 돌리는 교황주의자들의 의견이 사악하고 불경하기 때문에 저주를 받아야 한다고 말한다.[16] 또한 은혜의 공적과 죄의 용서는 인간의 행위가 아니라 신앙(의 행위)에 돌려야 한다고 말한다. 이어서 그들이 주장하는 공적 구원론

---

15. 같은 책, 219.
16. 같은 책, 220: "qui tribuunt operi operato meritum gratiae et remissionis peccatorum."

의 핵심 내용을 차례로 비판한다.

무엇보다 루터는 스콜라 신학자들이 공적 구원론을 지지하기 위해 만들어 낸 대표 개념인 '부합한 공적'(meritum congruum)과 '적합한 공적'(meritum condignum)을 통해 구원을 얻을 수 있다는 이론을 반박한다. 이 이론에 의하면, 어떤 사람이 은혜를 받기 전에 한 가지 선한 행위를 하면 그 행위에 부합한 공적(meritum congruum)이 주어지게 된다.[17] 그리고 그가 계속 선한 행위를 하여 공적이 쌓이면 그의 공적은 적합한 공적(meritum condignum)으로 인정받고, 이 적합한 공적을 통해 인간은 영생을 얻는다.[18] 좀 더 쉽게 말하면, 죽을죄 가운데 처해 있는 인간이 단지 선하고 자연적인 의도로 선행을 하면, 즉 하나의 미사를 읽거나 듣고 적선을 베풀면 그에 부합한 은혜를 얻게 되고, 이런 은혜를 획득하면 그는 이미 부합한 공적(meritum congruum)에 근거하여 영생을 얻을 수 있는 선행을 할 수 있다고 말한다.[19] 이런 구원관을 요약하면 다음과 같다.

---

17. 같은 책, 220: "Opus bonum ante gratiam valere ad impetrandam gratiam de Congruo." 통상적으로 "meritum congruum"로 부르며, 독일어로는 "die Gnade aus Billigkeitsgründen"로 번역할 수 있다.

18. 같은 책, 220: "Impetrata vero iam gratia sequens opus mereri vitam aeternam de Condigno."

19. 같은 책, 220.

나는 선행을 할 자유의지(liberum arbitrium)와 힘들(vires)을 가지고 있다. 이를 통해 나는 부합하는(de congruo) 은혜를 획득하고 그 후에 적합함에 의해(de condigno) 영생을 획득한다.[20]

루터는 이런 식의 구원관이 결국은 그리스도의 공적에 치명적인 상처를 입힐 수 있다고 말한다. 만일 인간이 이런 식으로 은혜를 획득하고 영생을 획득한다면 이미 그리스도가 필요 없게 되는 것이기 때문이다.[21]

3. 루터는 스콜라 신학자들이 죄를 잘못 이해했기에 공적 구원론이 등장했다고 본다

루터는 스콜라 신학자들이 죽을죄(peccatum mortale)를 살인, 간음, 도둑질 등과 같이 율법을 거슬러 행하는 외적 행위와만(de opere externo) 연관시키고 있다고 본다. 그래서 그는 죽을죄가 무지, 증오, 마음속으로 하나님을 무시함, 감사가 없음, 하나님에 대한 불평, 신적 의지를 물리침 등이라는 것을, 그리고 육체는 하나님에 대해 반대하고 악마를 위하는 일 외에는 아무것도 생각하거나 말하거나 행동할

---

20. 같은 책, 220.
21. 같은 책, 220: "Quid iam opus est mihi gratia Dei, remissione peccatorum, promissione, morte et victoria Christi? Christus plane iam mihi otiosus est."

수 없다는 것을 그들이 보지 못한다고 비판한다.[22] 루터는 그들이 인간 안에 있는 엄청난 타락을 보지 못하므로 공적 구원론을 가르치고 있다고 비판하면서, "하나님은 부합한 공적과 적합한 공적에 대한 대가로 은혜와 영생을 결코 주시지 않는다"고 분명히 말한다. 특히 이 갈라디아서 강의에서는 수도원에서 가르치는 거룩한 규칙의 준수를 통해 공적을 쌓아 구원을 얻을 수 있다는 공적 구원론에 근거한 수행에 대해 신랄하게 비판한다.[23]

4. 루터는 인간이 의로워지려면, 먼저 율법을 통한 죄 인식이 선행되어야 한다고 말한다

그는 스콜라 신학자들이 율법을 잘못된 용도로 사용하고 있음을 지적한다. 율법의 본래 기능은 죄의 용서가 아니라 죄의 폭로이므로 인간은 율법을 통해 먼저 자신은 어떤 선도 행할 수 없는 죄인이라는 것을 인식해야 한다고 말한다.[24] 만일 인간이 율법 안에서 그렇게 교육을 받는다면, 깜짝 놀라고 겸손해지며 참으로 자기 죄의 크기를 보고 하나님에 대한 한 점의 사랑도 자신 안에서 발견하지 못할 것이며, 자신의 말 속에서 하나님께 정당함을 드리고 자신이 영벌과 정

---

22. 같은 책, 221.
23. 같은 책, 223.
24. 같은 책, 223.

죄를 받기에 합당하다는 것을 고백할 수밖에 없다.[25] 이런 맥락에서 그는 기독교 칭의론의 첫 번째 부분은 회개와 자기 인식에 대한 설교이고, 두 번째 부분은 하나님께서 그리스도를 보내시어 그를 믿는 자들을 구원하는 것이라고 말한다.[26]

이런 맥락에서 루터는 율법의 두 번째 용도인 신학적 용도를 강조한다. 율법은 단지 죄를 보여 주고 위협하며 겸손하게 하고 이런 방식으로 칭의에 이르도록 준비시키고 그리스도에게로 몰아가는 기능을 할 뿐이다. 하나님은 그리스도의 속죄 사역을 통해 우리의 죄가 사함 받을 수 있음을 자신의 말씀을 통해(per verbum) 계시하시고 그리스도 때문에(propter Christum) 여러 가지 은혜를 선물로 주신다.[27]

그는 바로 이런 방식으로 의롭게 하는 것이 우리의 신학[28](nostra Theologia)이라고 말한다.

> 이것이 기독교적인 의에 관한 우리의 신학의 요약이다. 이런 의에 대한 이해는 상응하는 공적과 합당한 공적을 통한 칭의, 혹은 은혜 이전의 행위나 은혜 이후의 행위를 통한 칭의를 주장하는 소피스트들의

---

25. 같은 책, 224.
26. 같은 책, 224.
27. 같은 책, 224.
28. 루터는 비텐베르크 신학을 "우리의 신학"이라고 표현하곤 했다.

혐오나 괴물과는 정반대다.[29]

5. 루터는 스콜라 신학자들이 말하는 형상적 의[30](iustitia formalis) 이론을 비판할 뿐만 아니라 유명론자들의 입장도 비판한다

스콜라 신학자들은, 만일 인간이 어떤 선행을 한다면 하나님은 그를 받아들이며 그 행위를 한 자에게 사랑을 부어 주시는데 이 부어진 사랑을 마음속에 있는 '습성적 은혜'(gratia habita)라고 부르며 또 그것을 '형상적 의'라고 부른다. 그러나 루터는 이런 의는 기독교적인 의가 아니라고 분명히 말한다.[31]

루터는 당시 유명론자들의 잘못된 칭의론에 대해서도 비판한다. 윌리엄 오캄(William Ockham)과 둔스 스코투스(Duns Scotus)는, 하나님은 자기 안에 있는 것을 최소한이라도 행하는 자(facere quod in se est)에게 은혜 주시기를 거절하지 않는다고 주장했는데, 루터는 이런 주장 역시 기독교적인 의가 아니라고 말한다.[32]

---

29. 같은 책, 225.
30. "형식적 의" 혹은 "형식이 갖추어진 의"라고 번역할 수도 있다.
31. 같은 책, 225.
32. 같은 책, 226.

6. 루터는 신앙만으로는 안 되고 사랑이 있어야만 의로워진다고 말하는 스콜라 신학자들의 이론도 비판한다

그는 당시 스콜라 신학자들이 신앙은 아무것도 아니고 사랑만이 의롭게 만들 수 있다는 의견을 다음과 같이 비판한다.

> 이것이 스콜라 신학자들의 꿈이다. 하지만 우리는 사랑 대신에 신앙을 둔다. 그리고 스콜라 신학자들이 '신앙은 단지 윤곽일 뿐이고 사랑이 비로소 살아 있는 색깔들과 충만함 자체를 가져온다'고 말하지만 우리는 그와 반대로 말한다. 즉 신앙은 그리스도를 붙잡는다. 그리고 색깔로 벽을 꾸미고 장식하듯이 그리스도가 신앙을 장식하고 형성하는 기본 형태다. 그러므로 기독교 신앙은 한가한 속성이거나 사랑이 와서 그 신앙을 살게 할 때까지 죽을죄와 함께 존속할 수 있는 마음속에 있는 텅빈 깍지(siliqua)도 아니다. 만일 신앙이 참되다면, 신앙은 마음의 확신이고 강한 동의인데 이를 통해 그리스도를 붙잡는다. 그 결과, 그리스도가 신앙의 대상이다. 물론 목적은 아니다. 도리어 내가 다음과 같이 말할 정도다. 신앙 자체 안에서 그리스도가 현존한다.[33]

루터는 우리를 의롭게 만드는 것은 사랑이 아니라 신앙인데, 이 신앙

---

33. 같은 책, 228-229.

은 우리 안에 습관이 된 습성이 아니라 그리스도를 붙잡는 것이라고 주장한다. 신앙이 우리를 의롭게 만들 수 있는 비결은, 신앙이 자신을 붙잡는 것이 아니라 그리스도를 붙잡고 있기 때문이다. 그리고 결국 신앙이 아니라 신앙이 붙잡고 있는 그리스도가 우리 죄인들을 의롭게 하는 것이다. 이것은 신앙과 그리스도는 떼려야 뗄 수 없는 관계라는 뜻이다.

7. 루터는 신앙이란 그리스도를 붙잡는 것이라고 말한다

루터는 신앙 안에서 그리스도가 현존한다는 사실을 다음과 같이 말한다.

> 신앙은 확실한 인식이고 보지 못하는 어두움이다. 그럼에도 이 어두움 속에 그리스도가 앉아 계시는데 신앙 안에서만 붙잡을 수 있다. 이는 주께서 시내산 위에서 그리고 성전 안에서 어두움의 한복판에 앉아 계신 것과 마찬가지다. 우리의 의는, 즉 우리의 형상적인 의는 신앙에 비로소 형태와 능력을 주는 사랑이 아니다. 도리어 우리의 근본 의는 신앙 자체다. 그리고 마음의 어두움이다. 즉 우리가 보지 못하는 것에 대한 신뢰다. 어떤 점에서 보이지 않는다 하더라도 그럼에도 현

존하는 그리스도에 대한 우리의 신뢰다.[34]

이어서 그는 신앙이란 그리스도를 붙잡는 것이며, 사랑이 아니라 신앙이 우리를 의롭게 만든다는 사실을 다시 한 번 강조한다.

> 그러므로 그런 보물, 즉 현존하는 그리스도를 붙잡고 소유하는 신앙이 우리를 의롭게 만든다. 그리스도가 어떻게 현존하시는지는 우리의 생각으로 파악할 수 없다. 왜냐하면 그것은 내가 말한 것처럼 어두움이기 때문이다. 참된 마음의 신앙이 있는 곳에, 안개의 한복판에, 그리고 신앙 안에 그리스도가 계신다. 그것이 근본 의인데, 이 근본 의 때문에 인간이 의롭게 되는 것이지 소피스트들이 말하는 것처럼 결코 사랑 때문에 의롭게 되지 않는다. 소피스트들은 사랑이 신앙을 형성하고 열매를 맺게 한다고 말한다. 그러나 우리는 그리스도가 신앙을 형성하고 열매를 맺게 한다고 본다. 그리스도가 신앙을 형성하고 열매를 맺도록 하기 위해서는 결과적으로 그리스도가 신앙의 형태가 되도록 해야 한다. 그러므로 신앙 안에서 붙잡을 수 있고 우리 마음속에 거하시는 그리스도가 기독교적인 의다. 이 의 때문에 하나님은

---

34. 같은 책, 229.

우리를 의롭다고 보시고 영생을 선물로 주신다.[35]

그는 이것이 구원의 시작이며, 이런 방식으로 우리가 죄로부터 자유로워지고 의롭게 되며 영생을 선물로 받는다고 말한다. 즉 우리의 공적이나 행위 때문이 아니라 우리로 하여금 그리스도를 붙잡게 하는 신앙 때문에 우리가 의로워지는 것이다.[36]

8. 루터는 죄인의 칭의를 위한 그리스도의 화해 사역을 특히 강조한다

루터는 그리스도는 결정적으로 율법 수여자(Legislator)가 아니라 화해자이고 구원자라고 말한다. 그리고 믿음이 이 사실을 파악하는데, 그 이유는 믿음은 그리스도가 상응하는 공적과 합당한 공적을 차고 넘치도록 행하셨다는 것을 의심 없이 믿기 때문이라고 말한다.[37] 그는 로마서 3-4장에 근거하여 하나님께서 예수님을 화해자로 세우셨다는 사실을 강조하면서, 세상 죄를 지고 가는 그리스도를 신앙으로 붙잡는 것은 대단한 일이며 바로 그 신앙만이 의로 여겨진다고 말한다.[38] 루터는 우리가 주목해야 할 것은 세 가지, 즉 신앙과 그리스도

---

35. 같은 책, 229.
36. 같은 책, 232.
37. 같은 책, 232.
38. 같은 책, 233.

께 받아들여짐 그리고 전가인데, 이것은 서로 밀접하게 연결되어 있다고 본다.[39]

9. 루터는 그리스도인은 의인이면서 동시에 죄인이라는 진리를 여기서도 강조한다

우리는 그리스도를 믿음으로 그리스도에게 받아들여졌고 그리스도의 의를 전가받았다. 그럼에도 우리는 아직 순전히(pure) 의롭지 않다. 그리고 이 세상의 삶에서는 우리 육체 안에 계속 죄가 달라 붙어 있다. 하지만 하나님은 우리 육체 안에 남아 있는 죄를 우리 안에서 정화시키신다. 그 죄는 성령에 의해 줄어들지만 우리는 여전히 죄 안에서 흔들린다. 그럼에도 우리는 항상 칭의 조항으로 되돌아가야 한다. 왜냐하면 전가적 칭의에 의해 우리 죄가 덮이기 때문이다. 그리고 하나님이 그 죄를 우리에게 전가시키지 않기 때문이다. 죄가 참으로 있고 경건한 자들은 그 죄를 느끼지만 그 죄가 하나님에게 무시되고 숨겨지는 이유는 우리의 중보자 그리스도 때문이다. 그리스도와 신앙이 없는 곳에는 죄의 용서도 숨겨짐도 없고 오직 단순한 전가와 죄의 정죄만 있을 뿐이다.[40]

우리는 비록 그리스도를 믿음으로 의롭다고 여김을 받지만, 즉 그

---

39. 같은 책, 233.
40. 같은 책, 233-234.

리스도의 의의 전가를 통해 의롭다고 여김을 받지만, 우리가 육체 안에 있는 한 계속 죄를 짓기 때문에 우리는 계속하여 그리스도의 의의 전가가 필요하다는 것이다. 이 말은 그리스도의 의가 아직 부족하다는 뜻이 아니라 우리가 계속하여 그리스도의 의를 의지하고 나아가야 한다는 뜻이다.

10. 루터는 그리스도를 믿고 의로워진 사람은 참된 선행을 하고 십자가를 기쁘게 진다는 점을 강조한다

참된 선행이란 무엇인가? 참된 선행은 그리스도에 대한 믿음과 마음속에서 우러나오는 기쁨으로부터 흘러나온다. 그 이유는 은혜로 인해 그리스도를 믿음으로 죄의 용서를 받았기 때문이다.[41] 또한 그리스도를 믿고 의로워진 사람은 십자가를 기쁨으로 견디며 내적으로 모든 것이 달콤하기 때문에 모든 것을 자원하며 견딘다. 만일 참으로 인간이 자기 의에서 시작한다면 그가 무엇을 행하고 견디든지 무겁고 불쾌할 것이다.[42]

---

41. 같은 책, 234.
42. 같은 책, 234.

11. 루터는 이런 가르침이 양심의 위안을 가져다준다고 말한다

사랑을 통해 하나님 앞에서 의로워진다는 가르침은 양심 안에 참된 위안을 주지 못한다. 자신의 사랑이 항상 넘쳐야만 의로워진다고 믿기 때문에 사랑의 행위가 부족하다고 생각될 때는 양심 안에 두려움이 생긴다. 하지만 그리스도에 대한 신앙으로 의로워지고 하나님께 사랑받는다고 생각하는 사람은 자신의 사랑이 부족함에도 불구하고 양심의 평안을 누린다. 이런 사실을 그는 다음과 같이 말한다. "우리는 기독교인을 이렇게 정의한다. 즉 그는 죄를 갖지도 느끼지도 않는 사람이 아니라 하나님에 의해 그리스도에 대한 믿음 때문에 죄가 전가되지 않는 사람이다. 이러한 가르침(교리)이 여러 가지 두려움 속에서 양심의 견고한 위안을 가져다준다."[43]

12. 루터는 자신이 말하는 칭의의 방식과 수도원주의자들과 대학의 스콜라 신학자들이 말하는 공적 칭의론을 대조하면서 자신의 칭의론을 요약 정리한다

그는 부합한 공적과 적합한 공적을 통한 칭의에 이르는 길은 잘못된 길이라고 말한다. 그리스도를 믿음으로 죄가 사함을 받고 그리스도의 의가 전가되며, 그러한 신뢰가 그를 하나님의 자녀와 소망 안에서 영생의 약속을 갖는 후사로 만드는 것이므로 그리스도에 대한 신앙

---

43. 같은 책, 235.

을 통해 모든 것을—즉 은혜, 평화, 죄의 용서, 구원과 영생을—선물로 받는 것이지 상응하고 합당한 공적을 통해서가 아니라고 확정적으로 말한다.[44]

루터는 갈라디아서 2장 16절에 대한 해석을 통해 그의 칭의론과 스콜라 신학자들의 칭의론이 어떤 점에서 다른지를 명확하게 제시한다. 여기서 더 나아가 스콜라 신학자들이 사랑을 통해 구원을 받는다고 주장할 때 단골로 사용하는 갈라디아서 5장 6절로 사랑이 아니라 오직 믿음만을 통한 구원을 강변한다.

갈라디아서 5장 6절에 대한 해석

루터는 스콜라 신학자들이 "할례나 무할례나 효력이 없으되 사랑으로써 역사하는 믿음뿐이니라"(갈 5:6)는 말씀을 바울이 의도한 바와 다르게 해석하고 있다고 비판한다. 그들은 이 구절을 "믿음만이 의롭게 하지 못하고 사랑이 의롭게 한다"는 자신들의 주장을 지지하는 결정적인 구절인 것처럼 주장한다. 루터는 그들의 주장을 "그리스도인의 삶은 믿음과 사랑 혹은 믿음과 사랑을 통해 역사하는 믿음이

---

44. 같은 책, 236.

므로 사랑이 의롭게 하지 믿음으로만 의롭게 하지 않는다"라고 요약하면서 그들의 이런 주장은 변증법적 궤변이라고 비판한다.[45]

루터는 먼저 선한 행위는 믿음으로부터 사랑을 통해 만들어지는 것이지, 인간이 사랑을 통해 의롭게 되지 못한다고 분명히 말한다.[46] 그러면 루터가 사랑이 아니라 믿음으로만 의롭게 된다고 말할 때, 그 믿음은 어떤 믿음인가? 그는 바울이 말하는 믿음은 날조되거나 위선적인 믿음이 아니라 참되고 살아 있는 믿음이며, 사랑을 통해 선행을 하고 촉구하는 믿음이라고 강변한다.

루터는 참으로 그리스도인이 되고자 하거나 그리스도의 왕국 안에 있고자 하는 사람은 반드시 참되게 믿어야 하며, 행위에 대한 신뢰 없이 오직 믿음만이 건강하게 한다고 말한다. "그러므로 행위 없이 믿음이 의롭게 한다면, 우리가 의롭게 되기 위해서 아무것도 할 필요가 없다. 오직 믿고 우리가 원하는 것을 행하기만 하면 된다"고 말하면서까지 우리가 의롭게 되는 것은 오직 믿음으로만 된다는 사실을 강조한다.[47] 그는 바울이 말하는 믿음은, 의롭게 된 후에 죽은 채로 가만히 있지 않고 사랑을 통해 역사하는 믿음이라고 분명히 말

---

45. WA 40 II, 38.
46. 같은 책, 35.
47. 같은 책, 37.

한다. 또한 그리스도인의 삶이 믿음과 사랑으로 이루어지지만 반드시 순서가 있다고 본다.

> 그러므로 그리스도인의 전 삶은 내적으로 하나님을 믿는 것이고, 사랑 혹은 행위는 그다음이다. 인간은 내적으로 하나님 앞에서 믿음을 통해 완전한 사람이 되고, 사람들 앞에서는 행위와 사랑으로 나타난다.[48]

그는 믿음과 사랑 둘 다 그리스도인의 삶에 필요하지만, 믿음이 먼저이고 사랑은 그다음이며, 믿음으로 의인이 되는 것이 먼저이고 사랑으로 하나님과 이웃을 섬기는 것은 그다음이라고 천명한다.

결론

우리는 앞에서 살펴본 구절들을 통해서, 루터가 그의 칭의론을 분명히 전달하고자 하는 반면, 그 당시 교회와 수도원 그리고 스콜라 신학교들이 장악하던 대학에 퍼진 잘못된 칭의의 방식을 구체적으로 드러내 비판하는 것을 보았다. 루터는 스콜라 신학자들의 공적 구원

---

48. 같은 책, 37.

론을 비판하는 동시에 이런 잘못된 이론의 뿌리가 되는 원인도 폭로한다. 그들은 성경에 대한 잘못된 석의의 결과로 인해, 인간이 믿음을 통해서가 아니라 반드시 사랑을 통해서만 의롭게 될 수 있다고 주장한 것이다. 루터는 이런 잘못된 석의가 문제의 뿌리라고 본다.

우리가 여기에서 또 하나 주목할 점은, 루터가 그릇된 칭의 이론을 비판하는 것으로 그치지 않고, 자신의 칭의 이해에 새로운 점도 덧붙이고 있다는 것이다.

루터는 그리스도의 의는 그리스도의 속죄 사역을 통해 획득된 의라고 말하며, 칭의에서 그리스도의 속죄 사역의 중요성을 강조한다. 더 나아가 사랑을 통해서가 아니라 오직 믿음으로만 의로워진다는 사실을 천명함과 동시에, 참된 믿음은 반드시 사랑을 동반하여 선행의 열매를 맺게 하고 십자가를 지게 한다는 사실도 강조한다. 또한 스콜라 신학자들과 수도원주의자들이 주장하는 공적을 통한 구원, 그리고 유명론자들이 주장하는 자연적인 힘을 행함으로 얻는 구원 이론은 성립될 수 없다고 비판한다. 그 원인을 원죄로 인한 인간 마음의 전적 부패에 돌리고 있다.

루터는 죄에 대한 무지가 그들 이론의 치명적인 결점이라는 사실을 폭로한다. 우리 안에 있는 원죄가 얼마나 치명적인 죄인지를 알면, 하나님의 은혜와 그리스도의 의를, 믿음을 통한 전가적 칭의를 주장할 수밖에 없다는 것이다. 루터가 이 강의 이전에는 우리 밖으로부터 오는 전가적 의와 믿음을 통한 칭의를 강조했다면, 이 강의에서는 이렇게 될 수밖에 없는 원인이 바로 인간 안에 있는 원죄 때문이라는 사실을 강조한다.

9.
칭의론의 완성

마지막 강의인 창세기 강의(1535-1545년)에 나타난 칭의 이해

루터의 생애를 살펴볼 때, 우리가 그에 대해 가지고 있는 여러 생각들과 아주 다른 면모를 찾아볼 수 있다는 점이 놀랍다. 대부분의 사람들은 루터가 구약보다 신약을 더 좋아했을 것이라고 생각한다. 그러나 루터는 엄밀한 의미에서 현대의 신학 분과로 구분하자면 구약 신학자라 할 수 있다. 앞에서 말한 대로, 시편 주석은 그의 생애에서 가장 많은 양의 원고를 남긴 책이다. 구약에 관한 주석들과 설교들은 신약에 관한 주석들과 설교들과는 비교할 수 없을 정도로 많다. 더욱 놀라운 사실은, 그가 인생의 후반기 대부분의 시간을 창세기

강의(1535-1545년)에 쏟아부었다는 것이다.[1]

루터는 창세기 강의에서도 그의 칭의론을 계속 발전시키고 있다. 그가 자신의 칭의론을 가장 집중적으로 설명하는 창세기 12장 4-6절에 관한 주석에서 그의 칭의론의 진수를 보여 준다. 특히 신앙이 무엇인지를 집중적으로 설명하고 있어서 이 장을 "신앙 예찬의 장"이라고 말할 정도다.

창세기 12장 4절 강의에 나타난 신앙 이해

루터는 먼저 창세기 12장 4절에 대한 주경에서 신앙의 의미에 대한 몇 가지 중요한 사실을 제공한다.[2]

첫째, 신앙(fides)과 약속(promissio)은 불가분의 관계에 있다. 그는 믿는 자가 없다면 약속이 무슨 필요가 있으며, 반대로 약속이 없다면 신앙이 무슨 유익이 있겠느냐고 반문한다. 그는 이로써 신앙은 '약속에 대한 신앙'이라는 사실을 강조하고 있다.

---

1. 이 창세기 강의가 영어와 한국어로 부분적으로나마 번역되어 있지만, 아직까지 주목을 받지 못하고 있다. 또한 이 책에 대한 연구도 미미하다. 김용주, 『루터』, 276-289.
2. WA 40 III, 452.

둘째, 신앙의 적은 이성과 의심이다. 하나님께서 어떤 것을 약속하실 때, 이성(즉 육체와 피)은 하나님의 약속이 불가능하다고 간단히 판단함으로써 인간 안에는 약속의 성취에 대한 의심이 생긴다. 그러므로 신앙은 하나님의 약속이 올 때 이런 이성과 의심과 싸우면서 그 약속을 받아들여야 한다.

셋째, 신앙은 본성 전체의 변화요 혁명이다. 소피스트들은 신앙을 내용이 텅 빈 어떤 것이라고 생각하지만, 본래 신앙이란 본성 전체의 변화와 혁명을 의미한다. 신앙을 가진 사람의 눈, 귀 그리고 마음은 다른 모든 인간에게는 전적으로 모순되게 보이는 것을 보고 듣고 느낀다.

넷째, 신앙은 살아 있고 능력 있는 것이다. 신앙은 단지 공허한 어떤 상상이 아니고 마음에 타고난 어떤 것도 아니다. 성령의 눈인 신앙은 다른 정신과 다른 느낌을 만들며 전적으로 새로운 인간을 만든다.

다섯째, 신앙은 능동이라기보다는 수동이고, 보이지 않는 것을 이해하고 신뢰하는 것이다. 루터는 소수의 사람들만 이런 신앙을 갖고 있으며, 대부분의 사람들은 말씀에 의존하기보다는 그들이 만지고 자랑하는 현재의 것을 신뢰한다고 말한다.

여섯째, 신앙이 붙잡는 하나님의 약속은 사탄의 약속과 전적으로 다르다. 참되고 신적인 약속의 특징은 이성과 싸우지만, 악마적인 약속은 이성과 조화하려고 하며 신적인 약속을 인정하지 않으려 한다. 그런데 인간의 이성과 조화를 꾀하는 사탄의 약속은 쉽게 그리고 아무런 의심 없이 이성으로부터 인정을 받는다. 그러나 사탄의 약속과 신적 약속의 결정적인 차이는 십자가의 유무다. 사탄의 약속은 비록 거짓일지라도 처음에는 화려하기 때문에 육체에게 환영을 받는다. 그러나 신적이고 참된 약속은 항상 먼저 십자가를 보여 주고 나서 십자가 후에 오는 은혜를 약속한다. 그러나 이성은 볼 수 없고 멀리 떨어져 있는 것은 존재하지 않는다고 생각하며 십자가를 인정하지 않으려 한다.[3]

루터는 이 구절의 해석을 통해서 자신이 말하는 신앙이 무엇인지를 아주 분명히 드러내고 있다. 그가 말하는 신앙은 약속에 대한 신앙이다. 이 약속에 대한 신앙은, 죽은 신앙이 아니라 살아 역사하는 신앙이다. 이런 신앙은 단지 이성의 테두리에서 활동하는 그런 신앙이 아니라 본성 전체를 변화시키고 전복시키는 신앙이다. 신앙은 영적 새 창조의 수단이다. 하나님은 무에서 세상을 창조하신 것처럼 신앙을 통해 옛 사람을 새 사람으로 새롭게 창조하신다.[4] 신앙은 이성이 이해할 수 없는 보이지 않는 것들을 믿고 이해하며 붙잡고 살며,

---

3. 같은 책, 453.
4. Schwanke, *Creatio ex nihilo*, 201-244.

이성과 의심과 끊임없이 싸운다. 신앙은 보이지 않는 하나님의 약속을 붙잡고 그 말씀에 따라 살고 움직이며 전투한다. 이런 신앙은 내가 능동적으로 만드는 것이 아니라 수동적으로 하나님께로부터 주어진다.

창세기 15장 6절에 대한 주경에 나타난 칭의론 이해

루터는 사도 바울도 인용하고 있는 창세기 15장 6절에 대한 주경에서 자신이 말하는 믿음이 무엇인지에 대해 좀 더 분명하게 전달하고 있다.

그는 이 구절을 해석하면서 바울이 기독교 신앙의 핵심으로 보았던 이신칭의 교리를 창세기의 해석 원칙으로 삼고 고찰하겠다고 말한다. 이는 그가 성경을 아리스토텔레스적으로 고찰하는 스콜라 신학의 잘못된 고찰 방법을 염두에 두고 말한 것이다. 그가 볼 때, 스콜라 신학자들이 잘못된 해석 방법으로 성경을 고찰했기에 성경의 중요한 구절들의 의미를 제대로 파악하지 못할 뿐만 아니라 그 구절들의 본래 뜻을 손상시켰다. 그는 스콜라 신학자들에게 바울을 좀 더 자세히 읽어 보라고 권고하는데, 이는 그들이 바울을 좀 더 자세히 고찰하게 되면, 바울이 '이행득의'가 아니라 '이신칭의' 교리를 가르치고 있음을 알게 될 것이라고 보기 때문이다.

그에게 신학의 전제는 이신칭의 교리다. 이런 해석의 원칙에 근거하여 그는 인간이 어떻게 의롭게 되는지에 대한 원리를 다음과 같이 제시한다.

첫째, "오직 하나님을 통하여"(solo Deo) 의로워진다. 스콜라 신학자들이 칭의를 인간 안에 있는 가능성으로부터 시작했다면, 루터는 칭의를 하나님 안에 있는 가능성으로부터 시작한다. 하나님 안에는 무엇보다 약속이 있다. 그분은 약속하시는 하나님(Deus promittens)이다. 그러므로 이 약속하시는 하나님을 믿지 않는다면 의는 어디에도 없다.[5] 의롭게 하시는 하나님은 또한 말씀하시는 하나님(Deus loquens)이다. 인간은 죄인에게 말을 걸어오시는 하나님을 믿음으로 의롭게 된다.

또한 루터는 하나님 안에는 인간을 의롭게 하시고자 하는 생각(cogitatio)이 있다고 말한다. "신적 위엄이 내가 의롭고 내 죄가 용서받았고 내가 영원한 죽음으로부터 자유하다고 생각하시기 때문에, 그리고 내가 감사의 행위로 신앙 안에서 이런 나에 대한 하나님의 생각을 파악하면서, 즉 나의 행위를 통해서가 아니라 거룩하신 하나님의 생각을 믿음으로 붙잡으면서, 하나님의 생각을 파악하는 믿음

---

5. 같은 책, 562.

으로 나는 참으로 의롭다."[6]

루터는 더 나아가 아브라함이 의를 획득한 것은, 단지 생각하시는 하나님(Deus cogitans)께서 아브라함을 생각하셨기 때문만이 아니라 아브라함 역시 말씀하시는 하나님을 믿었기 때문이라고 말한다.[7] 인간은 모호한 의견이나 의심을 통해서가 아니라 확고한 믿음으로 하나님을 붙잡기 때문에 의롭다. 또한 하나님 안에는 우리와 화목하고 화평하고자 하는 의지가 있으시다. 그분은 그리스도를 통하여 우리와 화해하신 하나님(Deus propitius)이다. 우리를 괴롭히거나 노여워하는 생각이 아니라 우리와 화평하고자 하는 생각을 가지신 분이다. 신앙은 이런 화해의 하나님에 대해 견고하고 확실한 생각을 갖고 그분을 신뢰하기 때문에 의롭다고 인정된다. 오직 신앙이 붙잡는 하나님의 생각 때문에(propter cogitationem Dei) 죄인이 의롭게 여겨지는 것이다.[8]

둘째, "오직 하나님의 말씀을 통하여"(solo verbo Dei) 의로워진다. 우리를 생각하시는 하나님의 생각과 하나님의 약속을 이해하는 신앙은 상호 불가분의 관계에 있다.[9] 하나님의 생각 그리고 모든 약속

---

6. 같은 책, 563-564.
7. 같은 책, 563.
8. 같은 책, 564.
9. 같은 책, 564.

과 권고는 신앙을 요구하는 신앙의 말씀이다. 신앙은 신적 약속에 동의하는 것이며, 그것이 참이기 때문에 동의하는 것이다. 이 신앙의 말씀, 즉 하나님의 말씀을 믿는 사람이 의롭다.[10]

셋째, "오직 그리스도를 통하여"(solo Christo) 의로워진다. 영적 씨인 그리스도를 믿는 자들이 의롭다.[11] 루터는 아브라함이 "의는 그리스도에 대한 믿음을 통해서 주어진다"고 분명히 선언하고 있다는 점을 지적한다.[12]

넷째, "오직 전가하심을 통하여"(sola reputatio) 의로워진다. 하나님은 약속하시는 하나님을 믿는 자를 의롭다고 여기신다. 루터는 하나님이 아브라함을 의롭다고 여기신 순서를 말하면서 전가적 의를 상세히 설명한다. 그리고 성령의 사역을 언급한다. 성령께서 오셔서 아브라함의 믿음이 거룩한지 시험하시고, 아브라함이 그런 믿음을 가진 자라는 것을—즉 그가 가진 믿음이 의이고, 하나님께 의롭다고 여겨지고 의로 간주된다는 것을—확증시켜 주신다.[13] 오직 하나님 자신의 전가(sola sua reputatio)가, 그리고 우리에 대한 은혜로우신 생각(cogi-

---

10. 같은 책, 562.
11. 같은 책, 562.
12. 같은 책, 563.
13. 같은 책, 563.

tatio)이 이런 의를 만드는 것이다.[14]

　루터는 칭의의 과정에서 성령의 역할을 언급한다. 그는 하나님이 죄인을 의롭게 하시고자 그리스도가 십자가와 부활을 통해 획득한 의를 성령을 통해 우리에게 전가시킨다고 말한다. 이것은 루터의 신학에서 성령의 사역이 경시되고 있다는 비판에 대한 답이 될 수 있는 부분이다.

　다섯째, "오직 하나님의 자비를 통해"(misericordia sola) 의로워진다. 인간의 덕목이 아니라 오직 하나님의 자비만이 우리를 의롭게 한다. 믿음 때문에(propter fidem), 오직 자비를 통해서만(misericordia sola), 오직 전가를 통해서만(reputatio sola) 인간이 의롭다고 여겨진다. 오직 전가된 하나님의 자비를 통해서만 의롭게 된다.[15]

　여섯째, 율법 행위를 통해서는 의롭게 되지 못한다. 의는 율법으로부터 말미암지 않았다. 율법 이전에 의가 존재했기 때문에 율법이나 율법 행위가 의롭게 만들 수 없다. 그렇다면 의롭게 되는 데 율법이 필요 없는가? 루터는 대답한다. "그러므로 율법이 의에 무용하냐? 전적으로 그렇다. 그러면 율법 없이 신앙만이 의롭게 만드는가? 전적으

---

14. 같은 책, 564.
15. 같은 책, 564.

로 그렇다."¹⁶ 이 말은 율법이 의인을 만드는 것이 아니라 신앙이 의인을 만드는데, 이런 의인에게 율법이 주어지고 의인만이 율법을 바로 지킬 수 있다는 뜻이다.

일곱째, 은혜를 받기 위해 인간 편에서 어떠한 준비도 필요하지 않다. 루터는, 은혜를 받기 위해서는 "우리 안에 있는 것을 먼저 행해야 한다"(faciendo, quod in se est)고 주장하는 유명론자들을 염두에 두고 이 말을 한 것이다. 그는 아브라함이 죄 가운데—즉 죄와 의심과 염려와 영혼의 전적인 혼란 가운데—있었는데 어떻게 은혜를 받기 위한 준비를 할 수 있었겠느냐고 반문한다.¹⁷

여덟째, 루터는 사랑을 통해 형성된 믿음으로 의롭게 된다고 주장하는 자들을 반박한다. 약속에 대한 신앙을 통해서만 의롭게 되며, 율법은 다른 용도를 가진다. 루터에게 신앙은 약속을 분명히 이해하는 것이다. 그리고 우리의 행위가 아니라 오직 하나님의 행위가 의롭게 한다. 약속은 선물이고 신적인 생각인데 하나님은 이를 통해 우리에게 어떤 것을 나누어 주신다. 약속은 우리의 어떤 행위도 아니다. 왜냐하면 우리가 하나님께 어떤 것을 행하고 드리는 것이 아니기 때문이다. 그리고 우리가 하나님으로부터 오직 그분의 자비를 통해서

---

16. 같은 책, 563.
17. 같은 책, 563.

만 어떤 것을 받기 때문이다. 이 약속하시는 하나님을 믿는 사람이 의롭다. 그분이 약속하시는 것은 무엇이나 참되고 권위가 있다고 느끼는 사람이 의롭다고 여김을 받는다. 율법은 다른 목적 때문에 필요하다.[18] 신앙은 약속에 동의하는 것과 다름없다. 죄인은 약속에 대한 동의를 통해 의롭다고 여겨진다.

이 점에서 그는 사랑과 소망과 다른 덕목들을 의와 관계시키는 소피스트들을 비판한다. 그는 오직 믿음만이 약속을 붙잡을 수 있고, 약속하시는 하나님을 신뢰한다고 말한다. 소망, 사랑, 인내 등 다른 덕목들은 칭의와는 다른 용도를 가진다. 죄인을 의롭게 만드는 일은 믿음의 고유한 일이다. 그리고 사랑, 소망, 인내는 의롭게 만드는 일이 아니라 다른 일과 관계를 맺는 질료들(materias)이다.[19] 이것들은 결코 약속을 끌어안지 않으며, 단지 위임하고 명령하시는 하나님을 들을 뿐이지, 약속하시는 하나님을 보지 않는다. 이 일은 오직 믿음만이 한다.[20] 하나님은 약속하셨으므로 우리와 함께 행하시며 우리에게 어떤 것을 주신다.

아홉째, 하나님은 율법을 통해서는 어떤 것을 명령하시기 때문에

---

18. 같은 책, 565.
19. 같은 책, 565.
20. 같은 책, 565-566.

우리에게 어떤 것을 요구하시며 우리가 어떤 것을 행하기 원하신다.[21] 신앙은 약속하시는 하나님과 함께 행하기 때문에 그리고 그분의 약속을 받기 때문에 신앙만이 의롭게 한다.[22] 사랑은 의롭게 하지 못하며 단지 믿는 자로 하여금 하나님의 위임을 수행하고 하나님께 순종하게 할 뿐이다.[23] 믿음은 그 속성상 결코 혼자 있지 않으며 사랑과 다른 많은 선물을 만든다.[24] 신앙은 모든 덕을 낳는 어머니다.[25]

창세기 강의에 나타난 루터의 칭의 이해의 독특한 점

이상이 루터가 그의 신학이 절정에 달했을 때 파악한 이신칭의 교리의 내용이다. 여기에서도 그가 초기 신학부터 간직해 온 칭의론의 근본 원칙인 "행위 없이 오직 믿음을 통한 칭의"(iustificatio sola fide sine operibus)가 분명히 확인되고 있다. 그러나 몇 가지 강조점도 나타나

---

21. 같은 책, 566.
22. 같은 책, 566.
23. 같은 책, 566: "Charitatas autem, quae agit cum Deo iubente et mandante, ea mandata exequitur, et paret Deo."
24. 같은 책, 566.
25. 같은 책, 567.

고 있다.

첫째, 그는 사랑에 비해 신앙의 힘을 과소평가하는 스콜라 신학자들에 대해서 바울이 말하는 신앙이 의의 시작만 제공하는 정도가 아니라 실제로 죄인을 의롭게 만드는 능력이 있는 신앙임을 분명히 한다.

둘째, 신앙이 약속과 약속하시는 하나님과 불가분의 관계에 있음을 분명히 말한다. 이 말은 신앙이 약속과 뗄 수 없듯이, 약속하시는 하나님과도 뗄 수 없는 관계를 가지고 있다는 뜻이다.

셋째, 신앙은 그 대상을 막연하게 믿는 것이 아니라, 죄인에 대해 은혜로운 생각(cogitatio)을 가지고 계신 하나님을 믿는 것임을 분명히 하면서 신앙의 인식론적 측면을 강조한다. 아무것도 모르고 믿는 것은 참된 믿음이 아니다. 하나님이 누구신지, 그분의 약속이 무엇인지를 분명히 알고 믿어야 의롭게 된다. 그는 하나님에 대한 올바른 가르침 없이 참된 믿음을 갖는 것이 불가능하다고 암시한다. 그가 이처럼 신앙의 인식론적 측면을 강조한 것은, 신앙의 기초를 하나님에 대한 참된 인식보다는 인간의 경험에 세우려 했던 재세례파나 영파와 같은 사람들을―소위 종교개혁의 좌파들을―염두에 두었기 때문이라고 볼 수 있다.

넷째, 칭의가 창조신학적 관점에서 이해되고 있음을 볼 수 있다. 신앙은 스콜라 신학자들이 말하는 것처럼 인간 안에 신앙이라는 하나의 덕목을 만드는 정도가 아니라 인간 본성을 포함한 전인을 새롭게 창조한다.

마지막으로 루터는 이신칭의가 율법과 사랑 그리고 인간의 모든 덕목을 폐기하는 것이 아님을 분명히 드러낸다. 그는 이런 덕목들은 인간을 의롭게 하지는 못하지만 하나님의 위임과 명령을 행하는 것과 관계가 있으며, 신자들은 이런 행위들을 통해 하나님께 영광을 돌려야 한다는 점을 분명히 말하고 있다. 또한 이 구절들의 해석을 통해, 한편으로는 의롭게 되는 것은 오직 믿음을 통해서만 가능하다는 사실을 재천명하고, 다른 한편으로는 신앙을 통한 칭의가 모든 덕을 없애는 것이 아니라 모든 덕을 잉태하는 모체가 됨을 분명히 전달한다.

루터는 인생의 후반기에 했던 이 창세기 강의를 통해 지금까지 자신이 세워 왔던 이신칭의 진리를 정돈하고 확립하며, 이 진리의 토대 위에 개신 교회의 토대를 세운다. 그는 이신칭의 교리야말로 "교회가 서고 넘어지는 조항"(articulus stantis et carentis ecclesiae)이라고 말했다. 그리고 신학은 칭의를 아는 것과 다름없다고 말한다. "하나님과 인간의 인식이 신적인 그리고 본래적인 신학이다. 신학은 하나님과 인간의 인식이므로 그것은 결국 의롭게 하시는 하나님과 죄인인 인간과 관계된다. 본래 신학의 주제는 죄책을 가지고 있고 잃어버린 바

된 인간과 의롭게 하시는 하나님 혹은 구주시다."²⁶

---

26. WA 40 II, 327-328.

10.
루터 칭의론에 대한
트리엔트 종교회의(1545-1563년)의 정죄

지금까지 루터의 칭의론을 역사적-발생학적인 방법으로 살펴보았다. 루터의 칭의 이해는 당시의 로마 가톨릭교회의 가르침과 분명히 달랐다. 가톨릭교회는 이런 점을 눈치 채고 이런 가르침을 퍼뜨리는 자들을 정죄하기 위해 트리엔트 종교회의(1545-1563년)를 열었다.

본래 이 트리엔트 종교회의는 루터의 칭의론만을 문제 삼기 위해 열린 것은 아니다. 당시 로마 가톨릭교회를 괴롭힌다고 판단되는 여러 이단들로부터 가톨릭교회를 수호하며 가톨릭교회 자체를 개혁시킬 목적으로 소집된 회의다. 하지만 그 당시 가장 문제가 된 칭의에 대한 개혁자들의 주장은 로마 가톨릭교회가 결코 받아들일 수 없는 내용이었으므로 잘못된 칭의론을 퍼뜨리는 이들을 정죄하는 것이 가장 큰 목적이었음은 부정할 수 없다. 그래서 가톨릭교회 내에서 칭의에 대한 다양한 의견이 존재했음에도 불구하고 개혁자들의 칭의 조항을 정죄하는 데 초점을 맞춘 것이다. 마침내 1547년 1월 13일에 여섯 번째 회기(Sessio)에서 "칭의에 대한 포고"(Decretum de iustificatione)를 발표하게 된다. 먼저 칭의에 대한 그들의 입장을 16장에 걸쳐 설명하고 33개항의 법규를 통해 칭의에 대한 잘못된 의견들을 정죄한다.

우리는 "칭의에 대한 포고"(Decretum de iustificatione)와 "칭의에 대한 법규들(Canons)"에 선언된 내용을 통해 그들이 루터의 칭의론의 어떤 점을 비판했는지 잘 알 수 있다.

1. 트리엔트 종교회의의 신학자들 역시 오직 은혜(sola gratia)를 주장하지만 루터와는 다른 의미로 이해했으므로 그의 칭의론을 받아들이지 못한다

이 회의는 법규 4항에서 다음과 같이 포고했다.

이런 말들을 통해서 죄인의 칭의는 다음과 같이 요약된다. 인간이 첫 번째 아담의 아들로 태어나는 상태로부터 두 번째 아담인 우리 주 예수 그리스도를 통해 은혜와 하나님의 아들로 입양되는 상태로

이전됨….[1]

그 당시 스콜라 신학자들이 은혜를 어떻게 이해했는지 알아야 이 조항을 이해할 수 있다. 이 회의는 칭의를 첫 번째 아담의 아들로 태어나는 상태(status)로부터 은혜와 하나님의 아들로 입양되는 상태로 이전(移轉)됨으로 정의한다. 이렇게 정의하는 이유는 로마 교회의 신학자들이 은혜를 '어떤 상태로부터 어떤 상태로 이전시키는 힘' 정도로 이해했기 때문이다.

그러나 루터에게 은혜란 하나님과 인간의 관계를 변화시키는 것이다. 하나님의 은혜는 죄인의 죄를 용서받게 만들어 하나님 앞에서 의인의 신분으로 서게 만든다. 이런 은혜 이해에 의하면, 칭의란 하나님의 은혜로 죄인의 상태가 의로운 상태로 변화되는 것이 아니라, 하나님께서 죄인을 호의로 대해 주심으로 하나님과 인간의 관계가 새롭게 세워지는 것이다. 결국 루터에게 칭의는 죄인이 예수 그리스도의 의로 인해 죄를 용서받는 사건이다. 그러나 트리엔트 종교회의는 칭

---

1. Denzinger, *Enchiridion symbolorum definitionum et declaritionum de rebus fidei et morum*, 43ed., Ignatus 2012, 375, Can. 4, DH 1524: "Quibus verbis iustificationis impii descriptio insinuatur, ut sit translatio ab eo statu, in quo homo nascitur filius primi Adae, in statum gratiae et 'adoptionis filioram'(롬 8:15) Dei, per secundum Adam Iesum Christum Salvatorem nostrum;…."

의를 단순히 죄의 용서로 보는 루터의 입장을 법규 7항에서 다음과 같이 비판한다.

> 칭의 자체는 단지 죄의 용서만을 의미하는 것이 아니라,…은혜와 은사들의 의지적 수용을 통한 내적 인간의 거룩과 중생도 의미하는데, 여기로부터 인간은 불의한 자에서 의인이 된다.…[2]

이 조항을 통해 로마 가톨릭교회는 자신들이 이해하는 은혜 개념이 루터와 완전히 다르다는 것을 더욱 분명히 드러낸다. 로마 가톨릭교회의 입장을 대변했던 스콜라 신학자들은 인간의 본성이 타락으로 인해 전적으로 부패하지 않고 단지 부분적으로만 손상되어 있다고 보았다. 그래서 하나님의 은혜가 주입되면(gratia infusa), 인간 안에 선을 행할 능력이 깨어나게 되고 선을 행할 준비(dispositio)를 할 수 있게 된다고 가르쳤다. 그들은 계속하여 인간은 자유의지를 가지고 선행을 하게 되고, 하나님은 그가 한 선행에 기초하여 또 다른 은혜를 주시는데, 그 결과로 그는 칭의의 상태에 머물러 있지 않고 성화

---

[2] 같은 책, 377, Can. 7, DH 1528: "Iustificatio ipsa…non est sola peccatorum remissio…, sed et sanctificatio et renovatio interioris hominis per voluntariam susceptionem gratiae et donarum, unde homo ex iniusto fit iustus."

(sanctificatio)의 상태로 이전되고, 또 이런 은혜와 행위가 반복적으로 되풀이되면서 결국은 중생(renovatio)의 상태로 이전된다고 가르쳤다. 이런 은혜 이해는 바울적이 아니라 아리스토텔레스의 철학에 영향을 받은 철저히 인간학적인 것이다.[3]

가톨릭교회에 의하면, 은혜는 인간 안에 어떤 새로운 습성을 만들도록 돕는 기능을 할 뿐이며, 의로워지고 거룩해지고 중생하게 되는 것은 결국 인간의 의지에 달려 있다. 로마 천주교가 지금까지 이런 은혜관을 바꾸지 않았다는 점은 명백한 사실이다. 지금도 그들은 인간의 자유의지의 협력 없이 오직 은혜만이 우리에게 죄 사함, 거룩, 중생을 가져다준다고 믿지 않는다. 그러나 루터는 인간이 오직 은혜로만 죄 사함, 거룩, 중생을 선물로 받으며, 이 선물들을 오직 믿음으로(sola fide) 받는다고 가르쳤다. 트리엔트 종교회의는 법규 11항에서도 개혁자들의 은혜관과 칭의 이해를 비판한다.

만일 누군가가 인간은 오직 그리스도의 의를 통해서만, 혹은 오직 죄의 용서에 의해서만 의롭게 된다고 말하고, 그들의 마음속에 성령을 통해 부어지고 그들 속에 귀속되어 있는 은혜와 사랑을 배제한다면,

---

3. Jüngel, *Das Evangelium von der Rechtfertigung des Gottlosen als Zentrum des christlichen Glaubens*, 160-161.

혹은 우리를 의롭게 하는 은혜 역시 단지 하나님의 호의에 불과하다고 말한다면, 그는 저주를 받을지어다![4]

로마 가톨릭교회는 이 법규 조항을 통해서도 죄의 용서에 의해서만 의롭게 된다고 말하는 루터의 주장을 좀 더 확실하게 정죄한다. 인간은 죄의 용서를 통해서만 의롭게 된다는 주장은 받아들일 수 없는 궤변이며, 세례를 통해 원죄는 용서받을 수 있지만 그것은 칭의의 기초 단계에 불과하다는 것이다.

좀 더 자세히 말하면, 죄인은 세례를 통해 그들 안에 있는 원죄는 용서받지만 그들 안에 있는 죄의 본성까지 없앨 수 없다는 것이다. 바로 이 본성 안에 남아 있는 죄를 없애기 위해서는 은혜가 부어져야 한다. 그런데 이 은혜는 성령을 통해 부어지며, 인간은 '성령의 도움을 받아 자신의 노력으로 사랑의 행위들을'(신인협동: cooperatio) 반복하면서 사랑의 습성이 그들 안에 귀속된다는 것이다. 바로 이런 성령으로 부어진 은혜를 통해 우리 안에 귀속된 사랑 없이는 의로워질

---

4. Denzinger, *Enchiridion symbolorum definitionum et declaritionum de rebus fidei et morum*, 385, Can. 11, DH 1561: "Si quis dixerit, homines iustificari, vel sola imputatione iustitiae Christi, vel sola peccatorum remissione, exclusa gratia et charitate, quae in cordibus eorum per Spiritum Sanctum diffundatur(cf. Rm 5:5) atque illis inhaereat, aut gratiam, qua iustificamur, esse tantum favorem Dei; anathema sit."

수 없다고 말하는 것이다. 결국 죄인은 믿음만으로는 절대로 의로워질 수 없고 반드시 사랑이 덧붙여져야 한다는 것이다. 그들은 여기에서도 우리를 의롭게 하는 은혜 역시 단지 하나님의 호의에 불과하다고 말하는 루터의 주장을 정죄한다.

2. 이 회의는 오직 믿음으로만(sola fide) 의롭게 된다고 말하며 칭의를 위한 인간의 준비와 노력을 부정하는 자들에 대해 저주한다

법규(Canons) 1항부터 5항까지는 주로 유명론자들(Nominalists)의 주장을 열거하며 저주를 선언하고 있다. 본래 가톨릭교회는 은혜 없이도 인간의 노력을 통해 구원을 획득할 수 있다고 주장하는 펠라기안주의를 정죄해 왔다. 가톨릭교회는 당시에 둔스 스코투스, 윌리엄 오캄 등이 주장했던 유명론(Nominalism)을 펠라기안주의의 부활로 보고 그들의 주장을 정죄했다. 그런데 로마주의자들은 자신들의 주장과 모순되게도 구원을 위한 인간의 준비와 협동(cooperatio)을 부정하는 자들도 정죄한다.

> 만일 누군가가 죄인은 믿음으로만 의롭게 된다는 것을, 칭의의 은혜를 획득하기 위해 협동(協同)의 방식에 의해 어떤 것도 요구되지 않는다는 식으로 말한다면, 그리고 그가 그의 의지의 운동에 의해 준비되거나 배치되도록 하는 것이 전혀 불필요하다고 말한다면, 그는 저주

를 받을지어다!⁵

이 조항은 칭의에 대한 잘못된 두 입장을 반박하고 있다. 첫째는 구원이 전적으로 인간의 의지에 달려 있다고 말하는 펠라기안의 입장이고, 둘째는 구원은 전적으로 믿음으로만 얻을 수 있다고 주장하는 개혁자들의 입장이다. 이 교회는 양 극단의 중간 입장, 즉 구원은 전적인 믿음으로만 되지 않고 인간의 준비(dispositio)와 협동(cooperatio)의 도움을 통해 이루어진다고 주장한다. 소위 반펠라기안주의(Semipelagianism)의 길을 택한다. 그들의 주장은 계속된다. 법규 12항에서 다음과 같이 말한다.

만일 어떤 사람이 의롭게 하는 신앙이 그리스도 때문에 죄를 용서하는 신적 자비에 대한 확신(fiduciam divinae misericordiae)과 다름없다고 말하거나, 이런 확신만을 통해 우리가 의롭게 된다고 말하는 사람은 저주를 받을지어다!⁶

---

5. 같은 책, 385, Can. 10, DH 1559: "Si quis dixerit, sola fide impium iustificari, ita ut intelligat, nihil aliud requiri, quo ad iustificationis gratiam consequendam cooperetur, et nulla ex parte necesse esse, eum suae voluntatis motu praeparari atque disponi: anathema sit."
6. 같은 책, 386, Can. 12, DH 1562.

우리는 루터를 정죄하는 이 조항을 통해 그들이 루터의 주장을 어떻게 이해하고 있는지를 확인할 수 있다. 그들이 볼 때, 루터는 신앙만이 의롭게 한다고 말하는 사람이며, 신앙은 그리스도 때문에 죄를 용서하는 신적 자비에 대한 확신과 다름없다고 가르치는 자이며, 오직 그리스도를 믿는 믿음 때문에 또한 하나님의 자비에 대한 확신만을 통해 의롭게 된다고 주장하는 사람이다.

하지만 그들이 볼 때, 죄인은 오직 그리스도를 믿는 믿음과 신적 자비를 통해서만 결코 의로워질 수 없으며 반드시 인간의 협동 행위(cooperatio)가 더해져야 의로워질 수 있다. 그들은 오직 하나님의 자비를 통한 칭의, 오직 그리스도를 믿음으로 인한 칭의를 가르치는 루터의 입장을 정죄하고 있다. 이런 사실은 법규 14항에서도 분명히 나타나고 있다.

> 만일 어떤 사람이 그가 죄의 사함을 받고 의롭게 되었다는 것을 확신을 가지고 믿기 때문에 그의 죄로부터 사함을 받고 의롭게 되었다고 말한다면, 혹은 그가 의롭게 되었다는 것을 믿지 않는 사람은 참으로 의롭게 되지 못했다고 말한다면, 그리고 사면(赦免)과 칭의는 이런 신앙만을 통해 완성된다고 말한다면, 그 사람은 저주를 받을지어다![7]

---

7. 같은 책, 386, Can. 14, DH 1564.

로마 가톨릭교회는 신앙만으로는 인간이 절대로 의롭게 될 수 없다는 주장을 되풀이하면서 그들의 신인협동적 구원론을 확인하고 있다. "그가 의롭게 되었다는 것을 믿지 않는 사람은 참으로 의롭게 되지 못했다고 말한다면, 그리고 사면과 칭의는 이런 신앙만을 통해 완성된다고 말한다면, 그 사람은 저주를 받을지어다"라는 말을 통해 이 입장을 다시 한 번 천명한다.

3. 오직 그리스도의 의의 전가를 통한(sola imputatio) 칭의를 주장하고, 의인이면서 동시에 죄인이라고(simul iustus et peccator) 말하는 자들을 정죄한다.

가톨릭교회는 그리스도인은 그리스도의 의의 전가를 통해 의롭다고 칭해지는 것이므로, 따라서 그리스도인은 '죄인이면서 동시에 의인'이라고 가르치는 루터의 입장을 분명히 정죄한다. 이 교회의 대표자들은 그리스도인은 그리스도의 의의 도움을 받아 자신의 의를 갖추어야만 의롭게 되며, 그리스도인은 세례를 통해 실제로 의롭게 되는 것이지 단지 의롭다고 인정받는 사람이 아니라고 말한다.

칭의를 설명하는 7장에서 가톨릭교회의 대표자들은 이 점을 다음과 같이 명확히 전달한다.

> 마지막으로 독특한 형상은 하나님의 의다. 그런데 이 의는 하나님 자신을 의롭게 만드는 의가 아니라 우리를 의롭게 만드는 의다. 이 의를

통해 그분으로 인해 우리의 정신이 성령을 통해 갱신되고(엡 4:23), 의롭다고 여겨질 뿐만 아니라 실제로 의롭다고 명명되며 세례를 통해 의롭게 된다⋯.[8]

이들은 의인이 의롭게 되는 과정을 다음과 같이 가르친다. 세례를 통해 의인 안에 있는 원죄가 제거되지만 아직 죄의 잔재가 남아 있다. 그러나 의인이 구원의 기관인 교회의 권위에 복종하고 성례전적인 은혜에 의지하면, 그들 안에 남아 있는 나머지 죄를 없애 나갈 수 있고 선행을 할 수 있으며 공적을 세울 수 있고 이를 통해 구원을 얻을 수 있다.

그런데 루터는 가톨릭교회의 이런 가르침을 거슬러 가르치고 있으므로 정죄를 받아야 한다는 것이다. 루터는 죄인이 실제로 의롭게 되는 것을 부정하고 단지 의롭다고 인정될 뿐이라고 가르치기 때문에, 따라서 그리스도인은 의인이면서 동시에 죄인이라고 가르치기 때

---

8. 같은 책, 377, Chapter, 7, DH 1529:"Demum unica formalis causa est iustitia Dei, non qua ipse iustus est, sed qua nos iustos facit, qua videlicet ab eo donati renovamur spiritu mentis nostrae(cf, Eph 4:23), et non modo reputatmur, sed vere iustinominamur et sumus(cf, 1 Io 3:1), iustitiam in nobis recipientes unusquisque suam, secundum mensuram, quam Spiritus Sanctus partitur singulis prout vult(cf. I. Cor 12:11), et secundum propriam cuiusque dispositionem et cooperationem."

문에 정죄를 받아야 한다는 것이다. 이 교회는 이런 맥락에서 법규 25항에서 다음과 같이 선언한다.

> 만일 어떤 사람이 의인은 모든 선한 행위 속에서 적어도 사소하게라도 죄를 짓는다고 말한다면, 혹은 (훨씬 더 참을 수 없는 일인) 만일 의인이 죽을죄를 짓고 그러므로 영원한 형벌이 합당하다고 말한다면, 그리고 그가 정죄를 받지 않는 유일한 이유는 하나님께서 그들의 행위를 정죄로 전가하시지 않기 때문이라고 말한다면 그는 저주를 받을 지어다![9]

이 조항에서 가톨릭교회는 의인은 선한 행위를 할 때는 사소한 죄도 짓지 않으며, 의인은 죽을죄를 짓지 않을뿐더러 영원한 형벌에 떨어지지도 않는다고 선언한다. 이렇게 선언하는 이유는, 루터가 의인이 된다는 것은 그리스도의 의의 전가로 의롭다고 인정받는 것이므로 의인 안에는 여전히 죄가 남아 있고 실제로 죄를 짓고 있으며 심지어는 선행을 하면서도 인간은 죄를 지을 수 있고 죽을죄를 지을 수도 있다고 가르쳤고, 그럼에도 불구하고 인간이 정죄를 받지 않는 유일한 이유는 하나님께서 그리스도의 의의 공로를 보시고 그들의 행위

---

9. 같은 책, 387, Can. 25. DH 1575.

를 정죄로 전가하지 않기 때문이라고 가르쳤기 때문이다.

가톨릭교회의 대표자들은 전가 교리와 죄인이면서 동시에 의인이라는 교리를 받아들이지 않기 때문에 의인이 모든 선한 행위를 하면서 사소하게라도 죄를 짓게 되고 심지어는 죽을죄를 지을 수도 있다는 루터의 가르침을 정죄하는 것이다.

4. 의가 선행을 통해 증가된다고 주장하지 않는 자들을 정죄한다
이 회의는 법규 24항에서 다음과 같이 선언한다.

> 만일 어떤 사람이 수용된 의가 보존되지 않는다고 말하거나 혹은 선행을 통해 하나님 앞에서 증가되지 않으며 그런 행위는 의의 증가의 원인이 아니라, 단지 칭의의 열매나 칭의의 표시일 뿐이라고 말한다면 그는 저주를 받을지어다![10]

로마 가톨릭교회의 대표자들은 이 조항에서 의는 하나님 안에 있고 하나님으로부터 오며 하나님에 의해 보존되고 이 의를 통해 모든 선행이 나온다고 가르치는 루터의 가르침을 정죄하고 있다. 그들은 하나님의 은혜가 인간 안에 의를 제공하기는 하지만, 그 의를 보존하고

---

10. 같은 책, 387. Can. 24. DH, 1574.

증가시키는 것은 인간의 노력에 달려 있다고 가르쳐 왔기 때문이다. 이들에게 행위는 의의 증가의 원인이지 단지 칭의의 열매나 칭의의 표시가 될 수 없다는 것이다.

5. 구원의 확신을 주장하는 사람들을 반박하고 있다

의인이 이 세상에서 구원을 확신할 수 있다는 것은 루터에게는 명백한 사실이다. 그 이유는 루터가 구원이 우리에게 달려 있는 것이 아니라 하나님에게 달려 있다고 보았기 때문이다. 그러므로 의인은 확신이 흔들릴 때마다 우리 밖에 계신 하나님과 우리 밖에서 오는 의를 붙잡고 그 의를 신뢰하면 된다. 그러나 우리의 행위를 의지하고 우리 안에 있는 의를 의지한다면 구원의 확신이 흔들릴 수밖에 없고 절망에 빠지게 될 것이다. 하지만 루터는 신자가 이런 확신만 있으면 천국 문을 무사히 통과한다고 결코 말하지 않았고, 도리어 신자는 구원을 선물로 주신 하나님을 위해 한순간도 쉬지 않고 일해야 한다고 강조했다. 그러나 가톨릭교회는 루터가 구원의 확신만을 고집하면서 어떤 선행도 힘쓰지 않은 사람이라고 매도한다. 이런 맥락으로 9장에서 그를 정죄하고 있다.

> 죄가 용서되었고 신적 자비에 의해 그리스도 때문에 값없이 받은 것 외에는 결코 용서받지 못함을 믿는 것이 필요하다 해도, 그의 죄를 용

서받았다는 것을 확신을 갖고 확실하다고 자랑하고 그것에만 의존하는 자들에게는 누구나 죄를 용서받았다고 말해서는 결코 안 된다. 왜냐하면 헛되고 모든 경건에 낯선 이런 확신은 이단과 분리주의자 속에 존재하고 있기 때문이다. 그리고 정말로 이 혼돈스러운 때에 이런 확신이 존재하고 있으며, 가톨릭교회를 대항하는 커다란 투쟁 속에서 이런 확신이 설교되고 있다.[11]

역설적이게도 이들의 우려와는 달리 루터는 죄를 용서받았다는 확신이 있다고 자랑하며 그것에만 의존하는 사람들을 매우 경책하고 있다. 우리가 이미 살펴본 것처럼, 그는 앞의 장들에서 전가적 칭의를 이용하여 자기를 부인하고 십자가를 지며 이웃을 섬기는 삶을 게을리할 수 있는 위험성을 지적하면서, 신자들이 날마다 자기 의를 부인하고 자기 십자가를 지고 이웃에게 선을 행하며 살아야 한다고 권면한다.

---

11. 같은 책, 379, Chapter 9, DH 1533: Contra inanem haereticorum fiduciam.

트리엔트 종교회의에 대한 평가

트리엔트 종교회의는 루터의 개혁의 목소리를 어떻게 평가하고 있는가? 이미 살펴본 것처럼, 트리엔트 종교회의는 루터의 주장을 거의 전적으로 무시하고 그의 목소리에 귀를 기울이지 않고 있다. 그런데 트리엔트 종교회의의 칭의론에 개신교의 칭의론과 비슷한 점이 포함되어 있다고 보는 관점을 제시하는 사람들도 있다. 한스 큉이 대표적이다.

한스 큉은 트리엔트 종교회의에서 루터가 주장하는 "죄인이면서 동시에 의인"이라는 주장과 비슷한 진술이 등장한다고 본다.[12] 그는 자신의 주장에 대한 근거로 두 가지 진술을 내세운다. 첫째, 인간은 칭의에 있어서 영광으로가 아니라 영광에 대한 소망으로 거듭났다는 진술이다.[13] 둘째, 인간이 자신의 것으로 소유하고 있는 의는 하나님이 선물로 주신 것이므로 그 기원에 의하면 낯선 의라는 진술이다.[14] 이런 두 진술은 결국 죄인이면서 동시에 의인이라는 루터의 주장과 비슷한 주장이 아니냐고 말한다. 하지만 한스 큉은 가톨릭 쪽

---

12. H. Küng, *Die Rechtfertigung*, 234-235.
13. 같은 책, 234-235.
14. 같은 책, 236.

에서 말하는 죄인과 의인의 규정은 루터가 말하는 것과 전적으로 다름을 의도적으로 간과하거나 무시하고 있다.

루터에게 의인은 그리스도의 의의 전가를 믿음으로 하나님 앞에 의롭다고 여겨진 사람이다. 그러나 가톨릭 쪽에서 말하는 의인은 다르다. 세례를 받음으로 원죄가 제거되고 의가 주입되어 실제로 의인이 된다고 말한다. 그런데 이 의인 안에 있는 의는 인간의 사랑의 행위를 통해 계속 성장하여 '습성적이고 내재적인 의'가 되고, 이 의로 인해 선행을 하며 그것으로 구원에 합당한 공적을 쌓아 구원을 얻는 시스템이다. 그러므로 처음 주입된 의와 완성된 의는 차이가 있다.

그러나 루터에게 의는 처음에도 마지막에도 그리스도의 의다. 인간은 그리스도의 의를 믿음으로 의롭다고 칭함을 받는다. 그리스도의 의를 통해 우리 안에 습성적 의가 생겨나고 그것으로 공적을 쌓는다고 해도 이 내재적 의는 구원에 어떤 기여도 하지 못한다. 바로 이 점이 양자 사이의 결정적인 차이점이다.

개신교 신학자들은 트리엔트 종교회의에서 루터의 칭의론에 대한 평가는 긍정적으로 개선된 것이 없다고 보는 점에서 대체로 일치한다. 루터교의 저명한 신학자인 덴마크의 레이프 그레인(Leif Grane)은 아우구스부르크 신앙고백 해설서인 『아우구스부르크 신앙고백서』(Die Confessio Augustana)에서 트리엔트 종교회의의 칭의론을 다음과 같이 요약하고 잘못된 점을 비판한다.

첫째, 하나님의 선행하는 은혜(gratia prevenierens)는 항상 시작일 뿐이고 그 후에는 인간의 협력을 요구하는 준비가 뒤따라야 한다. 왜냐하면 인간은 자유의지를 가지고 은혜를 받는 것을 거절할 수 있기 때문이다. 둘째, 그럼에도 불구하고 칭의는 우리의 덧붙임 없어도 일어난다. 왜냐하면 우리의 준비가 아니라 그리스도가 믿음, 소망, 사랑과 다름없는 칭의의 은혜를 획득하는 공적을 세웠기 때문이다. 그래서 의인은 의롭다고 여겨질 뿐만 아니라 참으로 의롭다. 셋째, 이러한 첫 번째 은혜는 하나님과 교회의 계명을 준수함으로써 증가한다. 신앙이 은혜와 함께 선행을 통해 일하게 되면 칭의의 성장이 일어날 수 있고 일어나야만 한다. 넷째, 어느 누구도 구원을 확신할 수 없다. 인간은 소망을 그리스도에게 두어야 하고 두려워하면서 일해야 한다. 다섯째, 그리스도인의 선행은 실제적 공적이다. 이는 하나님께서 인자하심으로 그분의 은혜의 선물을 우리의 공적이 되게 하시기 때문이다.[15]

그레인은 트리엔트 종교회의의 입장은 반펠라기안주의(Semipelgianismus)로서 종교개혁자들의 입장과 거리가 멀다고 평가한다. 그 이유는 그들은 의를 인간에게 있는 속성으로 이해하기 때문이라고 말한다. "의는 하나님 앞에서 점진적으로 점점 더 커져 완전에 이르

---

15. Grane, *Die Confessio Augustana*, 51.

게 되는 인간에게 있는 속성이 되어야만 한다. 이러한 전제로부터 종교개혁자들은 비판을 받게 되는데 그들은 죄의 용서에 만족하기 때문이다."[16]

종교개혁자들의 입장에서 볼 때, 이러한 생각은 복음에 대한 인간 이성의 저항과 다름없다. 이성은 하나님 앞에서 의는 인간에게 있는 속성이 되어야 한다고 말하면서, 이것이 하나님을 기쁘시게 한다고 말한다. 왜냐하면 인간은 내재하는 의로부터 행위들을 수행하기 때문에 그리고 이런 행위들이 영생에 합당하도록 하기 때문이다. 그렇다면 그리스도에 대한 복음이 구원을 선물하는 것이 아니라, 그들이 인간의 능력을 통해 수행했든 혹은 신적 도움을 통해 행했든 간에 율법의 행위들이 구원을 선물하는 것이 된다.[17] 루터가 볼 때, 이것은 복음을 율법으로 만드는 것이고 이와 함께 그리스도에 대한 신앙도 지나쳐 버리는 것이다. 그레인은 루터와 트리엔트 종교회의의 입장 차이를 다음과 같이 잘 요약한다.

트리엔트 종교회의 이해와 루터의 이해의 차이는, 트리엔트 쪽에서는 율법과 행위를 진지하게 여기는 반면, 루터 쪽에서는 신앙으로만

---

16. 같은 책, 51.
17. 같은 책, 51-52.

만족하는 데 있는 것이 아니다. 루터 역시 율법은 하나님의 법이고 반드시 해야 할 행위들이 있다는 사실을 안다. 하지만 율법과 행위들은 단지 이 땅에 속할 뿐이다. 하늘에서, 즉 하나님 앞에서는 그것들은 아무것도 찾지 말아야 한다. 거기에서는 그리스도에 대한 신앙만이 유효하다. 트리엔트에서는 율법이 칭의 속으로 유입된다. 칭의는 신앙과 행위를 통해 일어난다. 그러므로 하나님과 인간이, 은혜와 자유의지가 함께 구원을 일으킨다.[18]

이러한 입장은 루터가 볼 때는 적그리스도의 신학과 다름없다. 왜냐하면 율법이 지배하는 곳에는 어떤 신앙도 있을 수 없기 때문이다. 인간이 자신의 구원을 위해 선행을 할 것을 강요받는다면 거기에서 신앙은 죽고 그리스도의 모든 선물, 영, 죄의 용서 등이 사라지고 그 모든 것 대신에 심판이 들어오기 때문이다.[19] 칭의에 있어서 행위가 한자리를 차지하게 하는 것은 그리스도 안에 있는 하나님의 은혜를 던져 버리는 것이다. 율법의 과제는 죄를 지적하고 육체를 징계하는 것이지 의에 이르는 한 길이 될 수는 없다.[20] 이런 비판과 더불어 그

---

18. 같은 책, 52.
19. 같은 책, 52.
20. 같은 책, 53-54.

레인은 루터가 말하는 칭의가 무엇을 의미하는지 매우 정확하게 요약한다.

> 칭의는 죄와 같이 전체 규정(Total bestimmung)이고 전인의 갱신이다. 그 때문에 칭의는 주어져야만 한다. 왜냐하면 인간에 굴복하는 인간은 단지 죄만을 일으키기 때문이다.[21]

그는 칭의에 대한 이런 정의와 함께 가톨릭의 칭의론을 비판하고 있다. 만일 그리스도 때문에 첫 번째 은혜가 주어지고 은혜의 증가가 선행에 달려 있다고 말한다면, 구속은 그리스도에 기인할 뿐만 아니라 우리에게도 기인하는 것이 된다고 비판한다.[22] 그리고 만일 칭의가 전적으로 하나님의 일이라면, 칭의는 믿음을 통해 일어나야 한다고 말한다.[23]

그레인은 루터가 말하는 믿음이란 일어난 것(Historia)을 믿을 뿐만 아니라 일어난 것의 영향을—즉 죄의 용서를—믿는 것이라고 말한다.[24] 그는 신앙으로만 의롭게 된다고 말할 때, 신앙은 그 자체의 능

---

21. 같은 책, 46.
22. 같은 책, 47.
23. 같은 책, 47.
24. 같은 책, 47.

력으로 우리를 의롭게 하는 것이 아니라, 약속에 대한 신앙으로 우리를 의롭게 한다는 것을 의미한다는 점도 지적한다.[25] 하나님과의 올바른 관계는 인간이 자신의 독자적인 권세를 포기하고 이제 전적으로 하나님의 자비를 신뢰하는 데 있다고 말한다.[26]

그레인은 전가(imputatio)는 루터 칭의론의 결정적인 모멘트라고 말하며, 그리스도인의 의는 항상 그리스도의 의라는 사실이 강조되어야 한다고 말한다.[27] 또한 칭의는 점진적인 갱신이 아니라 전인의 갱신이라는 점도 강조한다.[28] 칭의는 결코 죄인의 점진적인 개선을 통해 일어날 수 없으며, 도리어 인간이 지금 그의 의를 단지 그리스도 안에서만 가지는 데 있다고 말한다.[29] '의인이면서 동시에 죄인'(simul iustus et peccator) 역시 자신 안에서는 죄인이지만 그리스도에 대한 신앙 안에서는 의롭다는 뜻이고, 죄는 세례를 통해 사라지지 않는다고 말한다. 그레인 교수는 루터의 칭의론을 트리엔트 종교회의와 비교하면서 깊은 통찰을 준다.

그런데 내가 볼 때 루터의 칭의론과 가톨릭교회의 칭의론의 결정

---

25. 같은 책, 47.
26. 같은 책, 47-48.
27. 같은 책, 49.
28. 같은 책, 49.
29. 같은 책, 49.

적인 차이는 인간의 상태에 대한 평가에 있다. 가톨릭교회는 인간의 전적 부패를 부정하고, 타락한 후에도 인간은 은혜의 도움을 받기만 하면 수선되어 죄를 이길 수 있고 선을 행할 수 있다는 전제에서 출발한다. 볼프(Wolf-Dieter Hauschild)는 이 점을 정확히 지적한다.

> 원죄론에 있어 트리엔트 종교회의는 자신을 418/529년의 반펠라기안 적인 교의화(Antipelagianische Domatisierung)에 제한했다. 아담의 원죄는 원의(原義)를 상실함으로써 인류의 본성에 영향을 미쳤다. 그럼에도 그 본성은 그리스도의 은혜에 근거하여 세례 성사를 통한 죄의 용서로 인해, 본성이 단지 잠재성으로만—즉 죄를 짓도록 하는 자극으로서만—머무른다. 하지만 실제적 죄성으로 머무르지 않는 범위까지 제거되었다.[30]

인간의 본성에 대한 이런 낙관적 이론에 근거하여, 그들은 칭의를 바울과는 완전히 다르게 이해했고 당연히 전가적 칭의는 받아들일 수 없었으며, 의인은 실제로 의롭게 되고 그 본성까지 의로운 본성으로

---

30. *Lehrbuch der Kirchen-und Dogmen-geschichte*, Bd. 2. Dritte Auf., Chr. Kaiser, 2000.

바뀔 수 있다고 보았다.[31] 가톨릭교회는 인간에 대한 이런 낙관적 입장을 칭의의 원칙으로 고수했다. 그래서 인간은 은혜의 도움을 받기만 하면 자신의 자유의지로 선행을 할 수 있고 또 자신의 노력으로 공적을 세울 수 있다고 주장했던 것이다. 그러므로 루터의 오직 믿음을 통한 전가적 칭의론, 죄인이면서 동시에 의인, 선행은 오직 믿음의 열매, 그리스도인은 이 땅에서도 구원의 확신을 가질 수 있다는 주장 등은 받아들여질 수 없었다.

결론적으로 가톨릭교회의 대표들은 트리엔트 종교회의를 통해 자신들의 칭의론을 전혀 바꾸지 않았고 그들과 다르게 주장하는 사람들을 정죄하는 데 급급했다고 말할 수 있다. 그런데 이 트리엔트 종교회의의 칭의론이 제1차 바티칸 회의와 제2차 바티칸 회의에서도 전혀 바뀌지 않았다. 그리고 1999년 10월 31일에 발표된 칭의 조항에 대한 가톨릭교회와 루터교회의 공동선언문에서도 트리엔트 종교회의의 입장은 근본적인 면에서 바뀌지 않았다. 인간은 믿음을 통해서가 아니라 사랑을 통해서 의롭게 된다는 가톨릭교회의 칭의론의 전제는 전혀 바뀌지 않았다.

---

31. 같은 책, 500.

11.
트리엔트 종교회의 이후부터 현대까지 루터 칭의론 이해의 역사

루터 정통주의의 칭의 이해

루터 정통주의의 시작은 멜란히톤이다. 멜란히톤은 1521년에 집필한 개신교 최초의 조직신학 책에 해당하는 『신학총론』(Loci Communes)에서, 그가 비록 이 책에서 법정적 칭의라는 말을 직접 사용하지는 않지만, 근본 사상에 있어서 그리스도의 의의 전가를 통한 법정적 칭의론을 주장하고 있다.[1] 그러다가 1530년대에 들어서 그는 본격적

---

1. Melanchton, *Loci Communes*, 1521, Gütersloher Verlaghaus, Mohn 1993,

으로 자신의 저서 『아우구스부르크 신앙고백서 변증』(Apologie der Confessio Augustana)에서 칭의를 법적 심판 행위(actus forensis)로 이해할 것을 명시하고 있다.

의롭게 한다는 것은, 여기에서 법정적인 언어 사용에 의해 자유롭다고 말하는 것 혹은 의롭다고 선언하는 것을 의미한다.[2]

융엘(Jüngel)은 멜란히톤이 죄인의 칭의 선언의 법적 행위를 낯선 의의 전가(imputatio alienae iustitiae)로 표시했고, 사람들은 이 진술과 이와 유사한 진술들에 근거하여 멜란히톤을 "순전히 법정적인, 순전히 전가적인, 순전히 선언적인 외래적 칭의 가르침의 대표자로 칭하고 이에 대해 찬양하기도 하고 나무라기도 했다"고 말한다.[3]

멜란히톤 이후의 루터교 신조들에서는 대체로 큰 이견 없이 그의 이해를 차용하여 전수해 왔다고 말할 수 있다.[4] 그러나 단도직입적으

206/207-286/287. (『신학총론』 크리스천다이제스트)

2. Apol CA VI, BSLK 219, 43f.: "Iustificare vero hoc loco forensi consuetudine significat reum absolvere et pronuntiare iustum."

3. Jüngel, Das Evangelium von der Rechtfertigung des Gottlosen als Zentrum des christlichen Glauben, Mohr Siebeck, Tübingen, 175.

4. 같은 책, 174-180.

로 말하면, 루터의 칭의론과 멜란히톤의 칭의론은 비슷하지만 결코 똑같지는 않다. 로제(Lohse)는 『아우구스부르크 신앙고백서』에 나타난 멜란히톤의 칭의 이해를 평가하면서 이 점을 지적한다.

물론 루터의 칭의에 대한 입장의 전체 깊이를 우리는 여기에서는 발견하지 못한다.[5]

루터도 멜란히톤과 같이 법정적 칭의론을 말하고 있는 것이 분명하지만, 그는 여기에만 머물러 있지 않는다. 그의 칭의 이해는 멜란히톤의 칭의론과 비교할 수 없을 정도로 그 내용이 다채롭고 심오하다. 로제는 멜란히톤의 칭의론과 루터의 칭의론의 중요한 차이를 다음과 같이 말한다.

우리는 멜란히톤의 칭의 진술들에서 칭의가 가장 심한 내적 시험들로부터 발견되지 않았다는 점을 느끼게 된다.[6]

---

5. Bernhard Lohse, *Epochen der Dogmengeschichte*, Hamburg Theologische Studien Bd. 8, LIT, 180. (『기독교 교리사』 컨콜디아사)
6. 같은 책, 180.

루터는 신자가 당하는 시험의 상황 속에서 큰 위로를 주는 교리로서 칭의론을 가르치고 있는데 반해, 멜란히톤에게서는 이런 위로의 교리로서의 칭의 이해가 나타나지 않음을 로제는 지적하고 있다. 이 말에는 루터가 칭의론을 그의 신학 초기부터 전개시켜 왔던 고난과 시험을 강조하는 십자가 신학(theologia crucis)으로부터 가르친다는 점이 암시되어 있다.

루터에게 죄인의 칭의 사건에서 주어는 인간이 아니라 하나님이시다. 칭의는 하나님이 시작하신 사건이다. 루터의 칭의론은 그의 십자가 신학에서 이해되어야 제대로 이해될 수 있다. 그러면 십자가 신학이란 무엇인가? 하나님께서 예수 그리스도의 십자가를 통해 죄인을 의롭게 하시고, 의롭게 된 사람을 십자가와 환난을 통해 계속 의롭게 만들어 가시는 하나님의 행동 방식을 말한다.[7] 하나님은 이미 의롭다고 인정된 사람들에게 그들 안으로는 성령을 보내시고 밖으로는 환난을 보내 그들을 인내하게 하고 연단시키며 마침내 소망으로 이끌어 가신다.

그러므로 루터에게 칭의는 단회적이면서도 점진적인 과정이다. 하나님은 낯선 의인 그리스도의 의를 믿는 자를 의롭다고 칭(稱)하는

---

7. 여기에 대해서는 나의 졸저 『루터, 혼돈의 숲에서 길을 찾다』(익투스, 2012)에 잘 설명되어 있다.

데서 그치지 않고 계속하여 십자가와 환난을 통해 그를 실제로 의롭게 만들어 나가신다. 실제로 의롭게 만들어 나간다는 것을 스콜라 신학자들처럼 우리 속에 있는 죄의 습관을 제거하고 의의 습성을 장착시킨다는 뜻으로 이해해서는 안 된다. 도리어 하나님께서 의롭다고 인정한 우리를 그분의 의와 성령의 사역을 통해 그리스도를 닮은 사람으로 만들어 간다는 뜻이다.

이런 하나님의 비밀스런 칭의 사역을 이해하게 될 때, 우리는 루터의 칭의 이해 속에는 법정적 칭의(forensic justification) 개념뿐만 아니라 효과적 칭의(effective justification) 개념도 포함되어 있다고 말할 수 있다. 하나님은 먼저 법적으로 죄인을 의롭다고 선언하신 다음에, 바로 이어서 환난을 보내고 성령을 보내시어 그를 돕게 하여 실제로도 의롭게 만들어 가시는 것이다. 루터는 칭의 이후에 그리스도를 닮아 가는 과정을 성화라는 말을 사용함으로써 칭의와 성화를 구분하지는 않는다. 이는 그가 성화에 관심이 없어서가 아니라 당시 스콜라 신학에 대한 반감 때문에 가능한 한 용어를 세부적으로 나누지 않고 칭의라는 말 속에 성화라는 말도 포함시켰기 때문이다.

그러나 일치신조(Die Concordien Formel, 1577년)를 비롯한 루터 정통주의 신앙고백서들은 대체로 루터의 칭의론보다 멜란히톤의 칭의론을 따르고 있다. 또다시 스콜라 신학적 방법을 차용하여 여러 개념들을 세부적으로 쪼개서 설명하는 방법으로 돌아갔기 때문에 루터처럼 칭의론을 하나님의 구원의 경륜 속에서 전체적으로 다루지 않고 분리하여 다룬다. 이런 흐름 속에서 무엇보다 큰 피해는 칭의론과 성화론의 분리가 일어났다는 것이다.

개혁파 신학(Reformed Theology)에서 칭의론의 위치

이런 현상은 칼빈에게서 시작된 개혁파 신학에서도 비슷하게 나타났다. 루터 생전에도 칼빈은 루터보다 멜란히톤이 자기 신학 노선에 더 가깝다고 보았다. 멜란히톤 역시 루터가 죽은 후에 칼빈의 입장을 더 선호하게 되었으므로 원조 루터주의자들(Gnesio-Lutheraner)로부터 숨겨진 칼빈주의자(Crypto-Calvinist)라는 비판을 받게 된다.

개혁파 신학의 창시자 칼빈 역시 칭의론을 모든 교리 가운데 최고의 교리로 보았음이 틀림없다. 연구가들 사이에서 그의 신학의 중심이 무엇이었느냐는 논쟁이 일어나고 있지만,『기독교 강요』(Institutio christianae religionis) 최종판을 읽어 보면, 그가 칭의론에 얼마나 많은 페이지를 할애하고 있는지 어렵지 않게 보게 될 것이다. 흔히 예정을 칼빈 신학의 중심이라고 말하지만 예정에 대한 강조 역시 죄인의 칭의를 더 빛나게 하기 위해 그가 강조한 교리였음을 부정할 수 없다. 예정 교리가 아니라 칭의 교리를 신학의 중심으로 보는 것은 칼빈 역시 루터와 같은 입장이다. 여기에 대한 로제의 다음 말은 주목할 만하다.

> 본질적인 경향에 있어서 둘은 똑같다. 즉 예정론이 다른 여타의 교리들을 파생하게 하는 중심 교리를 이루는 것이 아니라, 예정론은 칭의론에 귀속되며 칭의론으로부터만 정당하게 평가를 받을 수 있다.[8]

칼빈이 이렇게 칭의론을 강조하게 된 가장 큰 이유는, 로마 가톨릭교회의 공적 구원론을 비판하기 위해서였다. 그러나 칼빈은 칭의와 성화를 이해하는 데 있어서는 루터와 조금 다른 길을 가게 되었다. 칼빈은 그의 초기 신학부터 구속사적 신학을 그의 신학의 프레임으로 설정했기 때문에 창조 사역을 성부 하나님의 사역에, 칭의 사역을 예수님의 구원 사역에, 성화 사역을 성령의 사역에 연관시키는 경향을 보였다. 이런 이유로 그는 칭의라는 말 속에 성화를 포함시켰던 루터와는 달리 칭의와 성화를 때로는 함께 다루고 때로는 따로 다룬다.

루터가 "하나님께서 의롭게 된 사람을 어떻게 더 의롭게 만들어 가시는가?"라는 질문을 던졌다면, 칼빈은 "의롭게 된 사람이 어떻게 더 거룩한 사람이 될 수 있는가?"라는 질문을 던지는 것이다. 그는

---

8. Lohse, *Epochen der Dogmengeschichte*, 187.

의인은 거룩해지기 위해 힘써야 하고 이 성화를 이루기 위해 성령을 의지해야 함을 강조한다. 그러나 그가 성화론을 칭의론과 분리해서는 결코 다루지 않는다는 것은 분명하다.

그러나 칼빈 정통주의자들에 와서는 칭의와 성화를 분리하여 다루는 경향이 더 뚜렷하게 나타난다. 특히 구원을 구원의 서정(ordo salutis)으로 좀 더 세부적이고 단계적으로 표현하면서 칭의는 구원의 전체 과정의 한 상태(status)로 국한되고 만다.[9] 루이스 벌코프(Louis Berkhof)의 저서 『조직신학』(Systematic Theology)이 대표적인데, 그는 이 책에서 칭의 조항과 성화 조항을 밀접한 연관성 없이 분리하여 다루고 있다.[10]

역시 칼빈의 후예인 영국의 청교도들은 칭의 교리를 견고히 붙잡으면서 그 교리를 개인의 실제 삶에 적용시키려 애를 쓰지만, 그들 역시 칭의보다 성화를 더 강조함을 부인할 수 없을 것이다.

---

9. 본래 구원의 서정은 논리적 서정이지 단계적 서정이 아니다. 하지만 실제 적용에서는 구원의 단계를 말하는 것으로 이해되는 경향이 있다.

10. Louis Berkhof, *Systematic Theology*, New Combined Edition, William B. Eerdmans Publishing Company, Grand Rapids, Michigan 1996, 510-544. (『조직신학』 크리스천다이제스트)

자유주의 신학과 신정통주의 신학에서 칭의론의 위치

칭의 중심적 신학으로부터 성화 중심적 신학으로 이동하는 이런 경향은 16세기 이후의 독일 신학자들에게서도 나타난다. 루터 정통주의를 계승하면서도 정통주의의 부족한 점을 개선하려는 의도로 등장한 경건주의(Pietismus) 역시 루터의 칭의론을 신학의 근본 조항으로 고백하면서도 개인의 경건한 삶을 강조하는데, 이런 맥락에서 역시 칭의보다 성화를 강조하고 있다.

종교에 있어서 감정의 중요성을 되살리려고 하면서 신앙을 '절대 의존 감정'으로 규정했던 슐라이어마허(F. D. Schleiermacher) 역시 법정적 칭의 같은 교리는 인간이 하나님에 대한 사랑을 깨닫고 그분을 의존하는 데 방해가 된다고 보았기에 칭의를 크게 강조하지 않았다.

임마누엘 칸트(Immanuel Kant) 같은 계몽주의 철학의 영향을 받은 신학자들 역시 자유의지, 원죄 등을 부정하면서 죄인의 칭의와 같은 종교개혁자들의 신학의 유산을 좋아하지 않았다. 도리어 그들은 기독교를 도덕적 차원에서 이해하고 선전하려 했다.

계몽주의 신학자들의 영향 속에서 태동한 자유주의 신학자들 역시 칭의론을 자신의 신학적 목적을 달성하기 위한 수단으로 사용한다. 대표적인 자유주의 신학자 리츨(A. Ritschl)은 루터의 칭의론을 인간의 자유 차원에서 수용한다. 그는 교회를 교회되게 하는 근본 교리로 칭의를 규정하지만, 칭의의 주요 목적은 죄인이 하나님과 화해하게 하는 정도에 머무르는 것이 아니라, 세상을 하나님과 화해시키기 위해 세상에 대한 왕적 제사장직을 감당하는 것이라고 본다. 그는 결국 칭의를 이 세계를 사랑이 지배하는 도덕 사회로 만드는 데 기본적으로 갖추어야 할 조건 정도로 보았다.[11]

리츨, 하르낙(Adolf von Harnack), 헤르만(Wilhelm Herrmann) 등과 같은 자유주의자들은 이런 사랑의 도덕 사회가 바로 하나님 나라이며, 이 나라에 들어가는 입문 의식을 칭의라고 본다. 그러나 이들은 의롭게 된 사람은 경건주의자들처럼 개인의 성화에만 머물러 있지 말고, 신적 주권을 가지고 이 세상을 도덕 사회로 만들어 가는 일에 헌신해야 한다고 강변한다. 즉 자유주의에서도 칭의보다는 인간의 자유와 이 세상을 도덕 사회로 만드는 것이 중요했다.

자유주의를 비판하면서 들어선 신정통주의(Neo-Orthodox)에 와서도 이런 자유주의적 경향은 크게 바뀌지 않는다. 칼 바르트(Karl Barth)는 칭의론보다 화해론이 더 중요하다고 말한다. 그에게 칭의론은 화해론에 속한 일부분에 불과하다. 죄의 용서를 받고 의롭게 되는 것은 결국 하나님과 화해하기 위해서다. 칼 바르트는 칭의론은 본래 기독교 신학의 중심이 될 수 없는데, "바로 서구에서도 종교개혁을

---

11. A. Ritschl, *Justification and Reconciliation*, T. & T. Clark, Edinburgh 1902.

통해서야 비로소, 그리고 좀 더 정확하게 말하면, 따분한 독일인의 정신에서, 바로 루터의 정신에서 전체 신학의 불타는 물음이 되었다"[12]고 말한다. 이것은 칭의론 중심으로 성경을 본 루터를 간접적으로 비판하는 것이다. 바르트는 칭의론은 화해론의 특별한 부분에만 관계될 수 있고 우리는 이 기독교의 소식을 칭의론이 아닌 다른 관점들 아래에서도 이해할 수 있고 이해해야만 한다고 말한다.[13] 예수 그리스도에 대한 고백이 '교회가 서고 넘어지는 조항'이 되어야 하고, 예수 그리스도에 대한 고백이 칭의론의 근거일 뿐만 아니라 칭의론의 정점이며,[14] 기독교 신학의 중심은 하나님과 세계가 화해하는 내적 가능성이라고 말한다.[15]

바르트 이후의 독일 신학자들은 어떤가? 융엘은 그들이 칭의론을 "명백히 별거 아닌 것으로 평가"(Ausgesprochene Geringschätzung)했다고 지적한다.[16]

---

12. K. Barth, KD, IV/1, 585.
13. Barth, 같은 책, 583: Jüngel, *Das Evangelium von der Rechtfertigung des Gottlosen als Zentrum des christlichen Glauben*, 19.
14. Barth, 같은 책, 588: Jüngel, 같은 책, 19.
15. Barth, 같은 책, 577: "Es geht um die Echthei…der inneren Möglichkeit der Versöhnung der Welt mit Gott."
16. Jüngel, 앞의 책, 26-33. 언급된 학자들은 Fichte, Paul Wirnle, William Wrede, Albertschweizer, Ferdinand Christian Bauer, William Wrede, Paul de Lagarde 등이다.

제2차 바티칸 회의에서의 칭의론 평가

로마 가톨릭은 트리엔트 종교회의에서 결정한 칭의론을 제2차 바티칸 회의에서도 전혀 수정하지 않았다고 말할 수 있다. 이 회의에 깊이 관여한 칼 라너(Karl Rahner)는 개신교 내에도 구원이 있다는 것을 인정해야 한다는 점에서 "익명의 그리스도인" 개념을 창안했다. 하지만 그는 구원의 근거를 칭의가 아니라 사랑에 둠으로써 결국 루터가 말한 오직 믿음으로(Sola fide)의 칭의 진리를 받아들이지 않는다. 트리엔트 종교회의는 구원은 믿음으로만 얻지 못하며 반드시 사랑의 선행이 동반되어야 한다는 점을 재천명했을 뿐이다.

개신교 내에서 신약의 새 관점 학파의 루터 칭의론 비판

바울에 관한 새 관점(New Perspectives on Paul)을 표방하는 샌더스(E. P. Sanders), 제임스 던(James Dunn), 톰 라이트(N. T. Wright) 같은 일군의 신약학자들 역시 루터의 칭의론을 비판하고 있다. 이들은 루터를 비롯한 종교개혁자들이 바울 신학의 중심을 이신칭의로 본 것은 전적으로 잘못이며, 바울이 이신칭의론을 말하기는 했지만 그것이 바울 신학의 핵심 진리는 아니라고 말한다.

이들에 의하면, 이신칭의론은 유대교 선생들이 이방인 기독교인들에게 유대인의 계율이나 음식법이나 정결법 등을 구원의 표시로 내세우며 억지로 지키도록 강요할 때 바울이 그들과 논쟁하는 과정에서 부득이하게 생겨난 일시적인 현상일 뿐이다. 던은 이 논쟁은 구원론적 논쟁이 아니라 교회론적 논쟁이라고 주장한다. 이들은 그 이유를 바울 당시의 유대교에서는 율법을 준수해야만 구원을 얻는다고 가르친 적이 없고, 유대인은 이미 태어나면서 언약 백성이 되며, 그들에게 율법이 주어진 것은 율법 안에 머무름으로써 그들이 언약 백성이라는 것을 확인하기 위해서라고 가르쳤기 때문이라고 말한다. 이것을 샌더스는 "언약적 율법주의"(Covenantal Nomism)라고 부른다.

그런데 샌더스의 이 이론의 가장 큰 문제점은, 결국 구원을 이 땅에서 개개인의 행위에 근거하게 만든다는 점이다. 인간이 구원을 받는 것은 하나님의 은혜에 의해 언약 백성으로 태어남을 통해서가 아니라, 그들에게 주어진 '율법 안에 계속 머무름'을 통해서라고 주장하기 때문이다. 샌더스는 이렇게 가르침으로써 구원은 이 세상에서 확신할 수 없으며 마지막에 최종적으로 하나님의 판단에 의해 결정된다고 말한다. 샌더스를 비롯한 새 관점 학파의 학자들은 결국 종말론적 칭의를 주장한다. 이는 그들이 의롭다고 칭해지는 시점은 처음 예수님을 믿을 때 그리스도의 의가 전가되어 단회적으로 의롭다고 칭해지는 그 순간이 아니라, 인생을 다 살고 난 후 자신이 삶에서 쌓은 의에 근거하여 최종적으로 의롭다고 칭함을 받는 그 순간이 되기 때문이다. 결국 이들은 종말론적 칭의를 주장함으로써 은혜로만 믿음으로만 구원을 얻는 것이 아니라 인간이 율법을 준수해야만 구원을 얻는다는 가톨릭의 입장을 재천명하고 있을 뿐이다.

새 관점 학파의 학자들 중 우리나라 독자들에게 가장 큰 인기를 얻고 있는 라이트는 루터의 신학에 심한 적대감을 드러낸다. 그는 종교 개혁자들 중 칼빈은 높이며 루터는 깎아내리는 교묘한 방법으로 루터의 칭의론을 평가절하한다.[17] 그러나 앞에서 언급했던 것처럼 루터와 칼빈의 칭의론은 동일하다. 이 두 신학자는 전가 교리를 칭의론의 핵심 교리로 내세우는 데 비해, 라이트는 전가 교리를 법적 허구라고 말하면서 신랄하게 비판한다.[18] 칼빈이 그렇게 강조했던 전가 교리를 부정하면서도 자신은 칼빈주의자라고 주장하니 어불성설이다.

그런데 라이트의 루터 비판이 루터에 대한 불충실한 연구에 기인한다는 사실을 알 때 충격을 받게 된다. 라이트의 책을 읽어 본 독자들은 알겠지만 그가 루터를 비판할 때 루터의 저작에서 직접 인용한 곳이 거의 없다.[19] 그러므로 그는 루터가 말한 "오직 믿음을 통해서

---

17. Wright, *Justification*, 59. (『톰 라이트, 칭의를 말하다』 에클레시아북스)
18. Wright, 같은 책, 180. 박영돈 교수는 개혁주의 입장에서 라이트의 칭의론의 문제점을 다음 책에서 잘 드러내고 있다. 『톰 라이트 칭의론 다시 읽기』, IVP, 2016, 46-47.
19. 김홍만, '바울의 새 관점'의 루터에 대한 비판, 성경과 신학, 제55권(2010): 195-221.

만"(sola fide)의 뜻을 제대로 파악하지 못하고 있는 것이다. 만일 그가 루터의 칭의론을 제대로 이해했다면, 그래서 루터가 신앙과 선행은 불가분의 관계라는 것을 얼마나 강조했는지를 알았다면, 루터가 신자의 현재 삶에 십자가가 반드시 필요하다는 사실과 날마다 자신과 세상과 마귀와의 싸움 그리고 이를 통해 당하는 내면의 시험 등을 얼마나 강조했는지를 알았다면, 그는 그것이 바로 자신이 저서에서 강조하려는 내용이었다고 말할 수 있을 것이다. 그가 루터의 칭의론의 참된 의도를 올바로 파악했다면, 전가적 칭의야말로 선행의 토대요 원동력임을 알았을 것이고, 그리스도에 대한 신앙으로 인해 의를 선물로 받은 자만이 이 땅에서 많은 의를 행하고 마지막 날에 하나님 앞에 설 수 있음을 알았을 것이다. 라이트는 오직 믿음을 통한 칭의에 동의한다고 하지만 전가적 칭의를 인정하지 않기 때문에 결국 구원론에서 미로에 빠지게 되고, 가톨릭의 행위 구원의 추종자이거나 아류로 전락하고 만다.

라이트의 입장을 종교개혁적 입장에서 비판하고 있는 파이퍼의 공헌은 주목할 만한 가치가 있지만[20] 역시 보완될 점이 있다. 그는 전가적 의에 대한 신앙을 통한 칭의를 강조한 나머지, 칭의 후에 계속

---

20. John Piper, *The Future of Justification: A Response to N. T. Wright*, Crossway Books, Wheaton, Illinois, 2007.

되는 그리스도인의 삶의 과정을 좀 더 구체적으로 설명하지 못한다는 안타까움이 있다. 파이퍼는 종교개혁의 법정적 칭의에 대한 바른 이해와 더불어 칭의 이후 그리스도인의 삶의 전개 과정에 대해 좀 더 소개를 할 필요가 있다. 그러지 않으면 그 역시 계속하여 신자의 행위에 대해 소극적으로 평가한다는 비판으로부터 빠져나올 수 없을 것이다.

톰 라이트와 존 파이퍼의 칭의 논쟁은 현대의 여러 학자들로 하여금 이 논쟁에 참여하도록 유혹하고 있다. 그러나 현대의 칭의 논쟁에서 가장 큰 문제점은, 논쟁자들이 루터의 칭의론을 제대로 이해하지 못하거나 그의 칭의론의 극히 일부분만 말하고 있다는 것이다. 이런 점은 전통적 칭의론을 사수하려는 학자들에게도 어느 정도는 해당한다. 종교개혁의 칭의론을 비판하는 자들이 하나님의 나라를 무너뜨리고 수많은 영혼에게 혼란을 주고 있으므로, 전통적 칭의론을 사수하려는 학자들의 비판적 글이 계속하여 쏟아져 나오는 것은 바람직한 일이지만, 전통적 칭의론 입장을 지지하고 변호하려는 학자들은 루터의 칭의론을 다시 한 번 진지하게 공부해야 할 것이다. 사실 루터의 글을 원전 중심으로 탐구한 사람이 볼 때는, 전통적 칭의론 주장자들이 루터의 칭의론을 협소하게 이해하고 있다는 비판에서 벗어날 수 없을 것이다.

그 결과, 오늘날 많은 신학자들과 목회자들은 루터가 신앙만을 통한 칭의를 주장함으로써 인간의 행위를 약화시켰다는 말을 거의 진리인 것처럼 말하고 있다. 실제로 개신교인들이 칭의론을 잘못 이해하여 선한 행위를 드러내는 데 매우 취약한 모습을 보여 왔던 것도 사실이다. 그러나 앞에서 살펴본 것처럼 루터는 행위를 결코 약화시키지 않았다. 그는 1520년에 『선행에 관하여』라는 책을 저술함으로써 이 사실을 변호했다. 루터는 가톨릭 측이 그가 오직 믿음을 통한 구원을 외치면서 그리스도인의 삶에서 행위를 없앴다고 비난하자 이 책을 저술하여 자신의 참된 의도는 위선적 행위를 비판하고 참된 행위를 세우려는 것이었음을 명확히 전달했다.

루터에 의하면, 참된 행위가 나타나기 위해서는 칭의에 대한 올바른 이해가 반드시 필요하다. 스콜라 신학자들이 주장한 칭의 이해의 틀에서는 사람에게 보이려는 바리새적이고 위선적인 행위 밖에는 나오지 않는다. 루터는 자신의 반복된 행위를 통해 습관으로 자리 잡은 사랑(habitas charitas)이 아니라, 하나님의 은혜로 주어지는 그리스도에 대한 신앙만이 우리를 의롭게 만들 뿐 아니라 우리로 하여금 참된 행위를 하게 하여 하나님께 영광을 돌리게 만든다고 가르친다. 이렇게 하나님의 은혜로 의롭게 된 신앙인은 자신에게 다가오는 십자가를 피하지 않고 오히려 자원하여 짊어지며, 자신을 위해서가 아니라 하나님과 이웃을 위해 전 삶을 내어 놓으며, 처음 믿을 때뿐만 아니라 죽는 날까지 죄와 세상과 마귀와 싸우고 그리스도를 닮아 가려고 노력한다.

　루터는 우리에게 주어진 하나님의 모든 선물과 계명들 중 어느 것 하나도 잃고 싶지 않았고, 모든 것을 제자리에 세우고자 했다. 이것이 바로 루터가 칭의론을 가르친 참된 의도다. 오늘날 종교개혁의 후예들의 과제는 이런 개혁자들의 칭의론을 제대로 이해하고 설교하는 것이다. 이 진리를 바로 알고 전할 때 교회는 굳게 설 것이다. 그러나 이 진리가 묻히고 이 진리가 잘못 전해질 때 교회는 넘어질 것이다. 왜냐하면 이 진리는 교회가 서고 넘어지는 조항이기 때문이다.

결론

이제 한국 교회가 루터의 칭의론을 어떻게 이해해 왔는지를 생각해 보면서 결론을 맺고자 한다.

한국 교회는 종교개혁자들의 칭의론을 개신교의 근간을 이루는 교리라고 인정하는 데는 대체로 이견이 없다. 그러나 한국 교회의 칭의론은 루터의 칭의론이 아니라 엄밀한 의미에서 멜란히톤의 칭의론이다. 그로 인해 한국 교회의 개신교 목사들은 대체로 루터의 칭의론을 '법정적 칭의론'으로 규정하여 가톨릭의 '사랑을 통한 칭의론'과 차별화를 만드는 데 천착되어서 루터의 칭의론의 좀 더 깊은 측면을 이해하지 못하고 있다. 과연 루터의 칭의론을 이미 다 이해하고 있는가?

앞에서 언급했듯이, 1999년 10월 31일 가톨릭교회와 루터교회의 『칭의 조항에 관한 공동선언문』이 작성되었고, 신약학에서 새 관점 학파가 칭의 중심적 바울 연구를 비판함으로써, 한국 교회는 어느 때보다 더 활발하게 칭의에 대한 논쟁을 하고 있으며, 이를 통해 여러 학자들을 중심으로 종교개혁자들의 칭의론을 제대로 설명하려는 노력이 나타난다는 점은 고무적이다. 그런데 환영할 만한 이런 종교개혁자들의 칭의론 연구 열풍에도 불구하고, 냉정하게 평가해 보면 루터나 칼빈의 칭의론을 그들의 저서로 연구한 심층적 연구 성과는 미미한 수준에 머물고 있다는 점이다.

이미 앞의 장들에서 살펴보았던 것처럼, 루터가 "신앙만을 통한 칭의"를 주장할 때 그가 말하는 '신앙'이나 '의'라는 용어는 당시 스콜라 신학자들이 주장하는 그런 개념들과 내용적으로 큰 차이가 있다는 것을 파악해야 한다. 가톨릭교회에서 신앙은 사랑에 비해 훨씬 떨어진 것이지만, 루터에게 신앙은 사랑을 만들어 내고 십계명을 성취하게 만드는 엄청난 능력이다. 칭의론과 관련하여 루터가 사용하는 용어는 스콜라 신학자들의 용어와 큰 차이가 있다.

그러므로 루터의 칭의론을 올바로 이해하기 위해서는 그가 말하는 신앙, 칭의, 칭의와 선행의 관계, 믿음과 사랑의 관계 등을 진지하게 검토해야 한다. 이런 노력이 뒷받침될 때 그의 칭의론을 새롭게 이해하게 되고, 이런 새로운 이해의 토대 위에서 개신교의 신학을 이루는 다섯 가지 오직(sola), 즉 오직 성경, 오직 그리스도, 오직 믿음, 오직 말씀, 오직 하나님의 영광의 의미를 더욱 깊이 이해하고 선포하게 될 것이다.

나는 이 책이 루터 칭의론 연구의 기폭제가 되기를 바란다. 더 나아가 이 책이 루터 혹은 종교개혁자들의 칭의론 토론을 할 때 반드시 살피고 넘어가야 할 한 단계가 되었으면 한다. 이 책을 통해 기존의 루터 칭의론에 대한 이해가 달라지기를 간절히 바란다. 하지만 그렇게 되지 못한다면 이것은 루터가 칭의론을 잘못 가르쳤기 때문이 아니라, 그의 칭의론을 명확하게 드러내지 못한 나의 학문적 자질의 부족함으로 인한 것이다.

교회는 항상 개혁되어야 한다(Ecclesia est saepe reformanda). 그리고 교회의 개혁은 교리 개혁에서 시작되어야 한다. 교리 개혁을 위해서는 가장 먼저 칭의론이 개혁되어야 한다. 당시 상황에서 루터는 바울 서신을 중심으로 의인은 믿음으로 산다는 진리를 선포했을 뿐이다. 그런데 그가 선포한 이신칭의 복음은 사람들의 마음을 흔들어 놓았고, 교회의 터전을 흔들어 놓았으며, 사회의 지각변동을 가져왔다. 루터가 외친 칭의론을 전하지 못하게 하려고 로마 교황을 비롯한 로마교회의 수뇌부와 그를 지지하는 스콜라 신학자들, 그리고 칼 5세를 비롯하여 황제들과 영주들이 벌떼처럼 일어나서 루터를 죽이려 했다. 그것도 부족해서 트리엔트 종교회의까지 열어서 루터의 칭의론을 정죄했다. 루터가 무슨 범죄를 저질렀는가? 아니면 무슨 폭동을 일으키려 했는가? 아니다. 그가 이신칭의 복음을 전했기 때문이다. 이런 역사적 배경을 모르고서 오늘날 이신칭의 복음을 공격하는 사람들은, 루터의 칭의론이 사람들에게 행위 없는 구원의 면죄부를 주는 교리를 만들었다고 말하거나 이 교리의 내용을 바꾸려 하고 있다.

나는 루터의 칭의론을 공격하는 사람들이 먼저 루터의 저작을 주의 깊게 읽어 보기를 바란다. 그런 다음 당시의 시대적 배경과 스콜라 신학의 구원론을 이해하고 자신들의 주장을 펼치기 바란다. 나는 루터의 칭의론이 제대로만 이해된다면, 오늘날 무기력해진 교회를 살릴 수 있는 교리라고 믿는다. 특히 학자들과 목회자들이 칭의론을 올바로 이해하고 설교해야 할 것이다. 죄인의 칭의에 대해 올바로 이해하지 못하는 사람이 어떻게 하나님에 관한 학문에서 진보할 수 있고, 교회를 살리는 설교를 할 수 있으며, 영혼을 살리는 목회를 할 수 있단 말인가? 이것은 대단히 중요한 질문이다.

참고문헌

루터의 저작

1. WA 2: In epistolam S. Pauli ad Galatas Commentarius 1519.

2. WA 3: WA 3, Dictata Psalterium(1513-1515).

3. WA 40 I, II: In epistolam S. Pauli ad Galatas Commentarius(1531/1535).

4. WA 40 III: Die Vorlesungüber 1. Mose.

5. Studien Ausgabe Bd. 1, Sermo de Duplici Justitia.

6. Studien Ausgabe, Bd 2, De liberate christiana/Von der Freiheit eines Christen Menschen.

7. Vorlesung über der Römerbrief 1515/1516, Lateinische-deutsche Ausgabe; Erster Band, 1960, Wissenschaftliche Buchgesellschaft Darmstadt.

루터에 관한 외국 저작

1. Althaus, Paul, Die Theologie Luthers, 3 Aufl., Gütersloher Verlagshaus, Gerd Mohn 1972.

2. Aristoteles, Die Nicomachische Ethik, 5 Aufl., DTV, München, 2002.

3. Barth, Hans Martin, Die Theologie Martin Luthers, Eine kritische Würdigung, Gütersloher Verlaghaus, 2009.

4. Barth, Karl, KD, IV/1.

5. Berkhof, Louis, Systematic Theology, New Combined Edition, William

B. Eerdmans Publishing Company Grand Rapids, Michigan 1996. (『조직 신학』 크리스천다이제스트)

6. Denzinger, *Enchiridion symbolorum definitionum et declaritionum de rebus fidei et morum*, 43ed., Ignatus 2012.

7. Ebeling, Gerhard, *Seelsorge*. Mohr, Tübingen 1997.

8. Grane, Leif, *Die Confessio Augustana*, UTB Vandenhoeck, Göttingen 1990.

9. Grane, Leif, *Modus Loquendi Theologicus*, Luthers Kampf um die Erneuerung der Theologie(1515-1518), Leiden, E. J. Brill, 1975.

10. Jüngel, *Das Evangelium von der Rechtfertigung des Gottlosen als Zentrum des christlichen Glauben*, Mohr Siebeck, Tübingen.

11. Küng, Hans, *Rechtfertigung: die Lehre Karl Barths und eine katholische Besinnung*, Serie Piper, München 1986.

12. Lohse, Bernhard, *Epochen der Dogmengeschichte*, Hamburg Theologische Studien Bd. 8, LIT. (『기독교 교리사』 컨콜디아사)

13. Melanchthon, *Loci Communes*, 1521, Gütersloher Verlaghaus, Mohn 1993. (『신학총론』 크리스천다이제스트)

14. Melanchthon, Apol CA VI, BSLK.

15. Müller, Gerhard, Müller, Die Rechtfertigungslehre, Geschichte und Probleme, Gütersloh.

16. Piper, John, *The Future of Justification; A Response to N. T. Wright*, Crossway Books, Wheaton, Illinois 2007. (『칭의논쟁』 부흥과개혁사)

17. Ritschl, Albert, *Justification and Reconcilation*, T. & T. Clark, Edinburgh 1902.

18. Schwanke, Johannes, *Creatio ex nihilio: Luthers Lehre von der Schöpfung aus dem Nichts in der grossen Genesisvorlesung*(1535-1545), Walter de Gruyter, Berlin. New York 2004.

19. Hauschild, Wolf-Dieter, *Lehrbuch der Kirchen-und Dogmen-geschichte Bd. 2*. Dritte Auf., Chr. Kaiser, 2000.

20. Wright, N. T, "*Justification: The Biblical Basis and Its Relevance for Contemporary Evangelicalism.*" http://www.ntwrightpage.com/#lectures.

루터에 관한 국내 저작

1. 김세윤, 『칭의와 성화』, 두란노, 2013.

2. 김용주, 『루터, 혼돈의 숲에서 길을 찾다』, 익투스, 2012.

3. 김홍만, '바울의 새 관점'의 루터에 대한 비판, 성경과 신학, 제55권(2010): 195-221.

4. 박영돈, 『톰 라이트 칭의론 다시 읽기』, IVP, 2016.

칭의, 루터에게 묻다

초판 1쇄 인쇄 | 2017년 3월 7일
초판 1쇄 발행 | 2017년 3월 14일

지은이 | 김용주
펴낸이 | 신은철
펴낸곳 | 좋은씨앗
출판등록 제4-385호(1999. 12. 21)
주소 | 서울시 서초구 바우뫼로 156(양재동, MJ빌딩), 402호
주문전화 | (02) 2057-3041 주문팩스 | (02) 2057-3042
이메일 | good-seed21@hanmail.net
페이스북 | www.facebook.com/goodseedbook

ISBN 978-89-5874-277-7 03230

이 책의 저작권은 도서출판 〈좋은씨앗〉에 있습니다.
신저작권법에 의하여 한국 내에서 보호를 받는 저작물이므로 무단 전재와 무단 복제를 금합니다.